W0196483

Heiligabend

Herausgegeben von Eberhard Dünninger

Heiligabend

Geschichten für die staade Zeit

Herausgegeben von Eberhard Dünninger

MITTELBAYERISCHE DRUCK- & VERLAGS-GESELLSCHAFT

Die Deutsche Bibliothek -CIP-Einheitsaufnahme

Heiligabend : Geschichten für die staade Zeit / Eberhard Dünninger
(Hrsg.) – Regensburg : Mittelbayerische Dr.- und Verl.-Ges., 1999
ISBN 3-931904-65-2

ISBN 3-931904-65-2
2. Auflage

INHALTSVERZEICHNIS

Advent – Zeit der Erwartung

Niklo – Nikolo – Nikolaus

Der Heilige Abend

Rund um die Krippe

In der Mettennacht

Weihnacht im bayerisch-böhmischen Grenzgebirge

In den Rauhnächten

Silvester und Neujahr

„Ihr Heiligen Drei Könige"

Auf Lichtmeß zu – Ausklang der Weihnachtszeit

Advent – Zeit der Erwartung

Maximilian Schmidt

Die Christkindlsängerin

In der Nähe der Hochstraße, welche das reizende Chambthal entlang von Bayern nach dem Königreiche Böhmen führt, erhebt sich zwischen Arnschwang und Furth ein einzeln stehender, nicht unbedeutender Granitblock, welcher hier unter dem Namen „der Teufelfelsen" bekannt ist. Es geht die Sage, daß hier der Teufel Rast gehalten, als es ihm einstens gefallen, eine böse Pfarrersköchin zu holen, um mit ihr eine Luftfahrt in seine höllische Hofhaltung zu machen. Die schwere Last ermüdete ihn dermaßen, daß er sich den Felsen zu einer Ruhestation erwählte, und weil die Entführte einen Fluchtversuch machte, drückte er sie dergestalt auf den Stein, daß man noch heutigen Tages in dem Felsen die eingepreßten Falten ihres Rockes wie nicht minder den Geißfuß Seiner bestialischen Herrlichkeit, mit einiger Phantasie, erkennen kann. Ähnliche Merkmale findet man noch auf mehreren Felsen im bayerischen Walde, was zu der Annahme berechtigt, daß dem armen Teufel diese Entführung sehr sauer gemacht wurde. Doch was liegt daran! Nicht der verrufene Felsen, sondern das junge Mädchen interessiert uns, welches an einem kalten Wintertage, kurze Zeit vor Weihnachten, dort oben stand und angestrengten Blickes hinausschaute auf die sich im Tale herschlängelnde Straße. Mit Sehnsucht erwartete sie einen Fuhrwagen, welcher ihr Etwas mitbringen sollte, womit alle Wünsche ihres kleinen Herzens befriedigt waren: nämlich ein wächsernes Christuskind.

Das vierzehnjährige Mädchen mit seinem klugen Gesichte, den braunen, großen Augen und dunklen Haaren, die in zwei langen

Flechten unter einer schwarzen mit Pelz eingefaßten Haube über ihre Schultern herabhingen, trug ein blaugefärbtes, leinenes Kleidchen, eine braune Schürze und hüllte sich in ein grauwollenes Tuch, welches sie wegen der großen Kälte enge an sich zog, während ihre Hände in Pelzhandschuhen steckten, die mit einer grünen Schnur über ihren Schultern verbunden waren.

Es mochte um die Mittagszeit sein. Der Schnee wiegte sich auf den Tannen des nahen Waldes, als wollte er da sein Mittagsschläfchen machen und die Krametsvögel flatterten futtersuchend hastig umher auf den zahlreichen längs der Straße stehenden Vogelbeerbäumen, an denen noch die bereits gefrornen Trauben hingen, deren rote Beeren malerisch abstachen gegen die Bläue des Himmels und das Weiß der Erde.

Die Kleine, welche auf ihrem hohen Standpunkte der kalten Luft von allen Seiten ausgesetzt war, zitterte vor Frost; aber gleichwohl blieb sie oben und blickte in ängstlicher Erwartung in das Thal hinaus. Neben ihr stand eine kleine, blauangestrichene, halb in ein rotes Tuch eingewickelte Wiege, auf welche sie oft ihre Blicke mit einer gewissen Zufriedenheit richtete. Die Wiege ward heute erst vom Schreiner in Furth angekauft und schöne künstliche Blumen waren darin um ein weißes Kissen angebracht, auf welchem das Christkind zu ruhen bestimmt war, das der Fuhrmann mitzubringen versprochen. Hatte sie dann noch die Wiege mit seidenen Bändern zierlich umwickelt, um das Wiegen zu erleichtern, so konnte sie ihre kleine Industrie sofort beginnen. Es ist nämlich im Walde Sitte, daß vor dem Christfeste junge Mädchen mit einer solchen Wiege von Haus zu Haus gehen, um das Christkindl anzusingen. Man sieht diese Christkindlsängerinnen gerne kommen, ergötzt sich an ihrem Gesange und beschenkt sie dann mit Geld. – Für dieses Jahr hatten sich nebst andern auch das Kleinnandel-Waberl und ihre Freundin, das Balsen-Annemirl von Kleinaigen, entschlossen, das Christkindl anzusingen. Waberls Großmutter, die alte Nandl, hatte den Mädchen ein Lied einstudiert, welches sie recht wacker zusammen sangen und für das zu erwerbende Geld waren vom Hafner schon lange die Sparbüchsen angekauft. Alles war also in Ordnung bis auf das Christuskind, welches der Mirtl Sepp, ein junger Fuhrmann aus Furth, von München mitbringen sollte. Der Sepp hatte es dem Mädchen gerne zugesagt, denn er hatte von jeher eine große

Zuneigung zu der Kleinen, deren Vater fast sein ganzes Leben hindurch Fuhrknecht im Mirtl'schen Hause gewesen war, in dessen Diensten er auch sechs Jahre vor dem Zeitpunkte unserer Erzählung auf einer Fahrt in Wälschland das Unglück hatte, von einem Pferde tot geschlagen zu werden. Waberls Mutter überlebte ihren Mann nicht lange und hinterließ die achtjährige Waise ihrer Schwiegermutter, der alten Nandl, welche ein Austraghäusel in Kleinaigen besaß. Kleinaigen ist eine Stunde südlich vom Grenzstädtchen Furth entfernt und liegt reizend zwischen üppigen Obstbäumen am Hange einer längs des Chambbaches sich hinziehenden Anhöhe, gerade gegenüber dem Markte Eschlkam und dem prächtigen Hohenbogen-Gebirge.

Waberl hatte schon in aller Frühe ihr Dörfchen verlassen, um in Furth die verschiedenen Gegenstände einzukaufen und dann dem Fuhrmanne entgegenzugehen, welcher eben heute eintreffen mußte. So gelangte sie bis zum Teufelsfelsen, welchen sie erstieg, um eine größere Fernsicht zu haben. All ihre Gedanken waren beim Christkindl-Ansingen und dem zu erwartenden Gegenstande, und während sie bald auf die Straße, bald nach ihrer kleinen, niedlichen Wiege blickte, sang sie trotz der empfindlichen Kälte das von der Großmutter erlernte Lied, welches in einfacher Volksweise die freudige Ankunft des heiligen Christus enthielt.

Plötzlich unterbrach sie ihren Gesang mit einem lauten Freudenausruf, denn sie erblickte endlich einen auf der Straße herankommenden, großen Fuhrwagen und ihr Herz sagte ihr, daß es der ersehnte sei.

Es war in der Tat der Mirtl Sepp, welcher sich dort mit seinem stolzen Frachtwagen nahte. Sechs schöne Hengste nach Lüneburger Art auf das Flotteste ausgerüstet, zogen denselben. Zahlreiche blankgeputzte Rosen waren an dem Sattelzeuge angebracht; rothe Staubhadern nebst Dachshäuten schmückten die Geschirre der mit messingenen Beißkörben versehenen sechs Gäule, welche den schöngeladenen mit Bastdecken und weißer Plache umbreiteten Frachtwagen rüstig auf der Straße daherzogen. Ein weißer Spitzhund, der unentbehrliche Begleiter jedes vollkommenen Fuhrwerkes, schritt gemächlich nebenher. Bei den Spitzgäulen schlenderte ein alter, kleiner Knecht schweigend dahin. Er war fast ganz in eine alte, blaue Fuhrmannskotze eingehüllt, aus welcher er nur zeitweise sein vor Kälte blaues Gesicht mit einer roten Nase heraushob, um seine Gäule mit einem „Hi, Hi!" aufzumuntern.

Der junge Mann bei den Stangengäulen aber achtete wenig der Kälte. Es war ein hochstämmiger Busche von kräftigem, muskulösem Körperbau. Er hatte einen schönen blonden Krauskopf und in seinem hübschen Gesichte mit scharf markierten Zügen, blauen Augen und etwas gebogener Nase lag ein lebensfroher Ausdruck. Auf seinem schwarzen Hute prangte ein schöner Strauß von künstlichen Blumen und Flittergold. Eine blaue mit weißen Stickereien verzierte Bluse, welche er über einem warmen Janker trug, eine schwarzlederne Hose, in deren Schlitztasche das unvermeidliche mit Silber beschlagene Besteck nicht fehlte und schwarze Wadenstiefel bildeten seine Kleidung. Er knallte mit seiner Peitsche, daß es weithin schallte und aus dem Walde ein vielfaches Echo wiedertönte; dann pfiff er seinen Gäulen ein lustiges Stückchen vor, wozu das laute Knarzen des Wagens auf dem Schnee eine eigentümliche Begleitung gab, oder er sang schließlich ein fröhliches Lied, dem selbst die Hengste durch Schütteln ihrer Mähnen gebührenden Beifall zollten: „Und i bin a lustiga Fuhrmannsbua – und i bin a lustiga Bua!"

„Zwetschgerl", rief jetzt der Sepp seinem Knechte zu, „siehst auf'm Teufelsfels'n dort die Pfarrers-Köchin?"

„Hi, hi!" entgegnete lakonisch der alte Zwetschgerl, indem er mit dem Kopfe nickte und seine emporgehobene Nase schnell wieder in die warme Kotze steckte.

Waberl stieg jetzt den Felsen hinab und eilte dem Wagen entgegen.

„Guat'n Morg'n Sepp!" rief sie schon von weitem. „Hast mi nöt vergessen und 's Christkindl mitbracht?"

„Je! 's Waberl!" entgegnete der Fuhrmann. „Hab justament glaubt, wie Du af'm Teufelsfelsen eben g'standen bist, Du wärst a kloane Wetterhex."

„Hast mir 's Christkindl mitbracht?" fragte jetzt das Mädchen wieder.

„Verflixt noch amal!" rief der Bursche. „Schau, Deanl, d'rauf hab' ich völli vergessen."

„Was? Vergessen?" rief das Mädchen schmerzlich aus und zwei große Tränen traten ihr in die Augen. „Hast mir's so g'wiß versprochen, Sepp, und ich hab' mich d'rauf verlassen. Morg'n wollt'n wir 's Christkindl ansingen und jetzt" – sie konnte nicht weiter sprechen und wollte eben bitter zu weinen anfangen.

„Waberl", sagte jetzt Sepp, „sei g'scheid, ich werd 's Christkindl vergessen hab'n!"

„Ja, Du willst mi foppen!"

„No, so sollst Du 's gleich seh'n."

Er ließ halten, weil ohnedies die Sperrkette angelegt werden mußte, und nachdem er seinen Koffer aus der Kutsche gehoben und geöffnet hatte, nahm er aus demselben eine nagelneue Schachtel heraus.

Waberl hatte ihre Tränen getrocknet und lachte ganz selig bei diesem Anblicke. Als aber Sepp die Schachtel öffnete und ein allerliebstes, wächsernes Christkind mit krausem Haar und blauen Äuglein sichtbar ward, konnte sie vor freudigem Erstaunen nichts hervorbringen als: „Ui, ui!"

„Das schenk ich Dir", sagte der junge Fuhrmann, „und unten in der Schachtel ist noch was für Dich, das bekommst aber erst zu seh'n, wenn wir z'Haus sind."

„Noch was, das mir g'hört?"

„Ja. Ich wollt' Dir's erst auf Weihnacht'n geb'n, weil ich Di aber vorhin so erschreckt hab', sollst Du's heut noch krieg'n."

„Sag' mir, was 's is. Is 's zum essen oder zum anziehen? Sepp, laß mir's erraten!"

„Nix da", wehrte lächelnd der Mann – „ich will Dich in der Erwartung lass'n."

Dagegen war nichts mehr einzuwenden. Der Koffer wurde wieder versperrt und der Wagen fuhr zur Zufriedenheit des Zwetschgerl weiter.

Joseph Schlicht

Der bayerische Weihnachter

Was im Hause sitzt und steht, krabbelt und zappelt, also Jung und Alt: Vater, Mutter, kleine Waare, Ähnl und Ahnl, Knecht und Dirn, das sammelt sich in der Christabendwoche um den „Weihnachter". Diesen Hochnamen führt in Bayern die wohlgemästete Mettensau.

Und halb und halb kein Wunder, wenn der Weihnachter der Brennpunkt der ganzen Familie ist! Ist er ja doch der goldene Born, aus welchem die weihnachtlichen Tafelfreuden alle quellen: die Mettenblunse, der Speck, die Brühsuppe, die Leber- und Röselwürste, der duftende Schweinsbraten. Der Weihnachter zeigt ebenfalls untrüglich die Begüterung an. Hält er zwei Zentner, so signalisiert er den Großhof, mit anderthalb Zentnern den Mittelbauer, aber selbst das bayerische Tagwerkerhäusl hat seinen Weihnachter mit einem Dreiviertelszentner.

Vielfach sticht der bayerische Bauer mit höchsteigener Hand die Mettensau, oder der Baumann, oder der Oberknecht. Vielfach auch macht der Metzger die Runde im Dorf und auf den Einöden.

Schon der Metzeltag selbst, falls er nicht etwa ein rothes Abstinenzkreuzlein trägt, führt einen wichtigen Leibschmaus mit sich: die sogenannte „Pritschsuppn". Sie kommt vom Abbrühen der Würste und gilt als Leckerbissen dann, wenn vom Wurstelstock noch ein erklecklicher Fleischrest in den Kessel abfällt und ganz besonders, wenn etliche Leberwürste bersten und ausrinnen. Fehlte die Pritschsuppn, der ganze Bauernhof käme in Aufstand. Eine Extrafreude macht den bayerischen Buben die „Saublattern", wie sie auf gut ländlich die Schweinsblase nennen. Schon stehen sie mit dem Federkiele bereit, üben an dem Ding ihre Lungen und blasen in die Wette auf. Mittlerweile tritt der Oberknecht in ihrem Kreis ein und bläst auch mit und möglicherweise bläst der Bauer in höchsteigener Person, umschnürt zuletzt den Hals der Blase und hängt sie an die Ofenstange.

Von nun an bedarf es ein väterliches Gnadenwort, wenn die Buben mit ihr noch den Fangball spielen wollen. Die Schweinsblase ist nämlich ein Wertstück im bayerischen Bauernhause; in ihr liegen noch immer die silbernen Barschätze, sie vertritt dem Hausherrn die Stelle der Schatulle. Vom regelrecht zerstückten Weihnachter werden nun die Viertel an die Eisenhaken aufgehängt, der Speck und die Würste in Schüsseln küchenfertig gestellt und das Speisegewölbe diebssicher verschlossen.

Die Mettensau hat nämlich verschlagene Feinde. Dem bayerischen Bauer seinen Weihnachter lebendig oder tot aus dem Stall oder Keller wegfingern, das gilt weit eher nur für ein lustiges Schelmenstücklein als für eine Sünde. Zum Schaden kommt noch das Gespött. Die Diebe lachen sich in's Fäustlein und lassen sich ihren wohlfeilen Weihnachtsbraten schmecken, während die Bauern den Ausgestohlenen auch noch bis auf's Blut hänseln. Das um so mehr, wenn er nicht lammgelassen seine Mettensau verschmerzt oder wenn ihm gar die langfingernden Spottvögel noch einen rechten Tort aufspielten. Wenn sie z. B. ehe sie mit dem Leibschmause abzogen, noch alle Milchweitlinge vor seiner Schlafstube auftürmten, so daß, als die Morgenstunde kam, die zehntausend Geschirre krachend und polternd auf die heraustretende hocherschrockene Hausfrau hereinpurzelten.

Ein Bauer aus Isargemünd, dem seine Mettensau lieber war als ein paar Nächte in seinem Himmelbett, legte sich 1868 frischweg entschlossen zu seinem Weihnachter in's Stroh. So lange er lauerte, stiegen die Diebe nicht ein; aber kaum schlief er ein, kamen die Spitzbuben und faßten den Ersten am Kragen. Das war der Bauer selbst, der natürlich aufwachte und einen mordialischen Mannsschrei ausstieß. Das war das Fluchtsignal für die Langfinger, die zum Stalle mehr hinausfielen als sprangen aus lauter Schrecken.

Im nämlichen Jahre, in welchem die bayerische Mettensau besonders viele Liebhaber hatte, ersann sich ein Gäubauer ein anderes Hausmittel. Da er seinem Kanonschlafe mißtraute, so band er sich in der heiligen Christnacht seinen wohlausgevierteilten Weihnachter mit nagelneuen Groschenstricklein an seine beiden großen Zehen. „Wer d' Sau furttragn will, muaß mi a mittragn!" sprach er grimmig entschlossen, schlief getrost ein und stand mit geretteter Mettensau wieder auf.

Joseph Schlicht

Eine gruselnde Adventsuppe

Im Straubinger Boden, in welchem die Weizenbreite allein herrscht und die Obstbäume keine rechte Heimat haben, liegt ein einödiger Großhof; einer von den vielen.

Es stand im Jahre 1872, als eben die gefrorenen Felder die erste Schneehülle trugen, nicht gut auf diesem Großhofe: der Oberknecht hatte mißtrauisch die sauere Suppe verkostet, sie augenblicklich voll Unmuts in die Schüssel zurückrinnen lassen und die Faust mit aufgepflanztem Löffel auf den Tisch gestellt. Mit dem essen war's aus; sämmtliche Knechte und Dirnen gingen aufständisch und grollend vom Tisch. Die Bäuerin wußte ihrer Verlegenheit kein Ende. Noch Montags schmeckte die bayerische allbeliebte Molkensuppe ausgezeichnet und um die Wette wurden die letzten Tropfen und Brocken herausgelöffelt. Und schon Dienstags ging ein flüsterndes Gelächter um; Jedes am Tisch spuckte Haare von sich und schnitt Grimassen. Immer dicker kamen die räthselhaften Pelzbüschel in der Suppe und von Tag zu Tag wuchs das unzufriedene Murren. Samstag war der allgemeine Aufstand fertig.

„I ko nix dafür!" betheuerte die Bäuerin ihrem Eheherrn fast unter Thränen. Nun ging der Bauer selbst in die Mittel und machte sich daran, den Urgrund dieses verhängnißvollen Hausspukes zu erforschen.

Mit einer Zuberstange bewaffnet, die Ehefrau im unmittelbaren Gefolge und das ganze andere Hofvolk als Zeugen hintendarein stieg er in den Keller hinunter zu der mächtigen „Stantn", in welcher die gestöckelte Herbstmilch zusammengeschüttet lag und aus welcher das tägliche Material der sauern Suppe geschöpft wird. Im Beisein Aller fuhr jetzt der Bauer mit seiner Stange kräftiglich in der Stantn herum und rührte das unterste zu oberst. Siehe da, schon beim dritten Ruck kamen haarige Langohren herauf und ihnen nach der ganze Pelz.

„Heilige Muattagottes!" rief die Bäuerin in jähem Schreck.

„Pfui Teufi! a verreckta Has!" kicherten die Dirnen gruselnd und liefen die Kellerstiege hinauf.

„Schau, dös Hasnluada und nöt unsa Bäurin is dro Schuld gwen, daß ma die letzn Tag mehr Haar als Suppn auf unsere Löffi ghabt haben!" sagten jetzt die Knechte lachend.

„Wie is denn jetz der Has in d' Milchstantn neikömma?" fragte der Bauer kopfschüttelnd.

Die Sache klärte sich rasch und ganz natürlich auf. Eben am Montag hatten die Schützen aus Stadt und Land ihr adventliches Kesseljagen abgehalten: gerade der letzte Bogen war nun um den Großhof herum gebildet worden. Von den aufgestöberten Hasen fielen die einen unter den nachgesendeten Kugeln, die andern sprangen glücklich über die Feuerlinie hinaus, ein dritter rettete sich auf Schleichwegen so gut er konnte. Ein solcher geängstigter Hase schlof nun von der Rückseite in den Großhof und verbarg sich in's Kellerfenster. Je näher aber die Hunde schnoperten, desto furchtsamer drückte sich der Hase an das morsche Fensterstöckl, bis dieses wich und der arme Schelm gerade in die Milchstantn hinunterpurzelte. Weiß Gott, wie lange er ungehört und ungesehen in dem dicken zähen Molkensumpfe herumzappelte, bis er in vergeblichem Todeskampfe spurlos unterging.

„Ja, ja, a so is zuaganga!" sprach der Bauer bei der Stantn kopfnickend. Und in der Tat, das Fensterstöckl war zugleich mit dem Hasen verschwunden und um und um nirgends mehr zu finden, bis es der Bauer mit seinem blanken Arm ebenfalls aus dem Grunde der Stantn herauf holte.

Damit war jetzt natürlich der Aufstand gedämpft, der Friede kehrte wieder, die ganze Hofbevölkerung lachte hoch ergötzt, das Foppen mit der gruselnden Adventsuppe ist heut noch in bestem Gang und der Has in der Milchstantn wird auf jenem bayerischen Großhofe noch Kinder und Enkel erfreuen.

D' Soger Nanni

Eine besonders frohe Adventerinnerung aus meinen Kindertagen ist das „Vorchristkindl" in Gestalt der Soger Nanni. Die Soger Nanni ist eine der zahlreichen Hausiererinnen der damaligen Zeit gewesen und mit dem Leiterwagerl über Land gezogen. Dabei hat sie allerhand Kleinzeug verkauft, wies eben der Landhaushalt gebraucht hat, und hat sich damit ihren Lebensunterhalt redlich verdient. Die Soger Nanni hat das jedes Jahr so eingerichtet, daß sie vor Weihnachten zu uns zum Übernachten gekommen ist. Das ist für uns Kinder jedes Mal eine himmlische Freude gewesen. Wenn nämlich nach dem Abendessen die großen Leute zur Stallarbeit gegangen sind, hat die Nanni ihr Leiterwagerl in unsere große Bauernstubn gezogen und wir Kinder haben ihr ganzes Hausierersach auspacken und in jedes Schachterl schauen dürfen. Weil aber die Nanni neben dem üblichen Zeugs in der Weihnachtszeit auch Glaskugeln und Christbaumschmuck dabei gehabt hat, hat sie uns dann die sonderbarsten Geschichten vom Christkindl erzählt und wir Kinder sind nie auf den Gedanken gekommen, daß das bloß der Nanni ihre eigenen Erfindungen und Geschichten waren. Wenn sie dann am nächsten Tag weitergezogen ist, hat sie uns noch erzählt, daß sie halt heute ganz bestimmt noch das Christkindl treffen werde und sie wird ihm schon erzählen, wie brav wir sind und was wir uns vom Christkindl wünschen. Das hat natürlich unsere Weihnachts-Vorfreude jedes Jahr besonders gesteigert und die Soger Nanni ist bis heute in meiner guten Erinnerung geblieben.

Michael Waltinger

Das dienstgefällige Irrlichtlein

Die Bewohner von Steinhügel, Hofmark und Eck haben zu ihrer Pfarrkirche in Holzkirchen einen größtenteils sehr beschwerlichen Weg von etwa eineinhalb Stunden. Was ihn früher noch unbequemer machte, das waren die vielen Falter, welche ungezählt den Durchgang durch die Menge von Zäunen, die damals die verschiedenen Grundstücke abschlossen, ermöglichten. Besonders zur Winterszeit waren die größtenteils verschneiten und angeeisten Falter der allgemeine Jammer aller Wanderer, die sich daran nicht selten die kaum etwas in den Taschen erwärmten Hände halb erfroren.

Zur Adventzeit, der Zeit der Engelämter oder Rorate, zogen die Leute truppweise morgens 4 oder 5 Uhr schon aus den einzelnen Gehöften, Weilern und Dörfern nach ihrer Pfarrkirche. Daß es dabei zuweilen recht lebhaft herging, läßt sich denken. Was wäre da geeigneter, als Spukgeschichten erzählen? Einmal ging es auf so einem Kirchgange wieder gar lustig zu. Vorne am Zuge schritten zwei muntere Dirnen aus Steinhügel, dicht in ihre warmen Tücher gehüllt. Man erzählte eben wieder von Weizen, Irrlichtern usw., da rief die eine der voranschreitenden Dirnen, die sich um das Amt des Toröffnens angenommen hatte: „Daß uns koa arme Seel oda sunst was hilft? Wia guat wars, wenn s' uns d' Toa(r) aufmachatn, na derftn mia d' Händ schö warm ön Tuach eigwicklt lassn!" Kaum gesagt, öffnet sich auch schon die nächste Falter von selbst und so alle übrigen, die sie zu passieren hatten. Sobald der Zug sich aber von einer Falter immer entfernte, hörte man jedes Mal ein leises Seufzen. Endlich sagte ein übermütiger Bursche: »Geh, du arme Seel oda werst bist! Solln ma da ebba helfa?« Daraufhin vernahm man wieder ein gar schmerzliches Seufzen und die Falter blieben nun zu wie ehevor. Der Vorwitz des Burschen hat die arme Seele vertrieben.

Paula Dittrich

Auf Weihnachtn zua

Adventskränz' hat's frühers net gebn und a net Stern an de Fenster und hundert Weihnachtsfeiern und tausend Liachtln an alle Eckn und Endn scho an ganzen November durch.

Frühers, da is 's staader Weihnachtn worn, mehr in oam drin als soviel draußd umanand. Da hat's in da Früah um dreiviertl sechse ins Rorate gläut und da is ma ganga. Ob's no a so gwachelt und da Schnee kniagatzt hat vor lauter Kältn.

In da Kirch' da war's warm. Net von da Heizung, sondern von de vieln Leut'. Und mäuserlstaad war's, wenn bei der Opferung der Drunkenpolz Michl und sei Schwester Nandl oans von dene wunderschönen Adventslieder gsunga ham. Der Herr Oberlehrer Ranzinger hat d' Orgel gspielt. Net bsonders grad, aber alle hat's gfalln. Und wenn's ganz feierlich worn is, hat der Lehrer Möhrlein aa no mit seiner Geign einezwischpert. Der Weihrauch hat duft, und ma hat se aufs Christkindl gefreut.

Frühers, da war in de Schaufenster net a solchana Haufa Zeugs, daß ma se gar nimmer dafangt. A jeder hat gwußt, was's in dem Gschäft gibt und was a will, da ham s' net viel ausstelln braucha.

Beim Simon Hahn war alle Jahr in oam Schaufenster 's Rotkäppchen und da Wolf zum Sehgn, fast so groß wia echt und lauter kloane Tannenbäumerl rundum, und Wattbäuscherl an Schnürl san als Schneeflocken obaghängt. Wenn ma dees allermoi wieder gsehgn ham, hat's uns an direkten Riß gebn vor Glückseligkeit: Weihnachten kimmt! Und jeden Tag nach der Schul hama uns fast d' Nasn ei'druckt an dem Fenster, und oans hat's am andern allerweil wieder zoagt: „Schau hi! Schau no grad hi!"

Frühers, da hat's grad beim Schlosser Liebl und beim Schötz a weng a Spielzeug gebn. Da warn nacha in oam von de winzigen Schaufenster a paar Puppen, hi und da oane gar mit Schlafaugn und echte Haar. Oder in ana Schachtel drin war a kloans Zelluloidpupperl mit am Scheberl und am Wangerl. Oamal is in da mittn a vergoldets Puppenkaffeegschirr gstandn. Mir ham's fast net glaubn könna, dass so was Schöns gibt.

Im Wald hat ma a Lamperlmoos gholt und hat's zwischen d' Winterfenster broat. Da drauf ham mia dann unsere Herrlichkeiten ausgstellt: a Engerl vom Maialtar, a kloans Pupperl, an porzellanern Pudel mit am Blumenkörberl in da Schnauzn, an gscheckertn Vogl aus Lehm vom letztn Kirta.

Am liabstn ham mir in de Fenster vom Kosineck im Ebrach obn eingschaut, weil de so nieder warn wia d' Straß'. Der hat selbergschnitzte Manndl und Häusl und a kloane, blecherne Nähmaschin' aufgstellt ghabt. Wenn ma zu eahm was gsagt hat, hat er mit am Verserl g'antwort:

„Kosineck, was tuast denn heut?"
„Singa, tanzn, was mi gfreut!"
„Kosineck, 's Christkindl kimmt!"
„I glaub's net, daß enk ebbs bringt.
I kriag nix und es kriagts nixn,
Ebba grad a Kirm voll Strixn!"

Aa unserne Christkindlbriaf ham mia zwischen d' Winterfenster glegt. Ganz heimlich! Aber furt warn s' jedesmal. Hi und da is dann a bißl a Englshaar oder a Plätzerl draußn glegn. Dees hat's Christkindl verlorn ghabt.

So war alles damals a weng staader, a weng bedächtiger, wia mia Advent gfeiert haben, mera so wia's in dem Vers hoaßt:

„Staad wird's draußen in der Natur,
aa der Mensch soi jetzt finden d' einwendi Ruah,
wei, es geht ja wieder auf Weihnachtn zua!"

Toni Lauerer

Der Wunschzettel

Sehr geehrtes Christkind,
liebes Jesukindlein,

mein Name ist Björn Wurzbauer und ich werde sieben Jahre alt. Ich bin nicht ganz sicher, ob es Dich wirklich gibt. Falls ja, schreibe ich Dir jetzt diesen Wunschzettel. Falls nein, ist es sowieso wurscht und Du brauchst ihn gar nicht lesen. Jetzt ist zwar erst der 2. September, aber ich habe mir gedacht, ich schreibe schon jetzt, dann kannst Du die Sachen in Ruhe einkaufen und brauchst nicht so hudeln wie meine Mutter, wenn Besuch kommt.

Außerdem kriegst Du jetzt alles noch viel billiger, weil es im Angebot ist. Aber ich glaube, daß Du die Sachen eh nicht bezahlen mußt, weil Du ja das Christkind bist. Oder stiehlst Du sie vielleicht in einem ganz großen Geschäft, wo es nicht auffällt, wenn etwas fehlt? Wahrscheinlich nicht, weil sonst würde Dich Dein Vater, der wo der Chef im Himmel ist, nicht mehr hineinlassen.

Im Prinzip ist es mir wurscht, wo Du die Sachen hernimmst. Hauptsache, ich kriege sie.

Oma hat gesagt, die meisten Geschenke kriegt der, der wo das ganze Jahr schön der Mama folgt und immer das tut, was die Mama will. Ich habe gesagt, das ist der Papa. Da hat die Oma gelacht und gesagt, das gilt natürlich nur für Kinder und nicht für große Leute.

Da war ich sehr froh. Ich mag zwar meinen Papa gern, aber daß er die meisten Geschenke kriegt, vergönne ich ihm nicht. Außerdem raucht er, wenn die Mama nicht daheim ist und als Belohnung, weil ich ihn nicht verrate, darf ich mir im Fernseh einen greislichen Monsterfilm anschauen. Von den Kindern bin ich bestimmt der bravere, weil meine Schwester, die wo erst fünf Jahre alt ist, ist ein wahrer Deifl.

Sie hat mir zum Beispiel im Sommer einen ganzen Schiebel Haare ausgerissen wegen nichts und wieder nichts. Nur weil ich ihrem blöden Goldhamster ein Bier gegeben habe, wie sie nicht da war. Dann habe ich ihn in sein Laufrad gesetzt und zugeschaut, wie er läuft und es war recht lustig. Nach einer Weile habe ich ihn darin dodal vergessen, weil mein Freund Kevin Kreuzpaintner gekommen ist und wir haben Fußball gespielt.

Als nach einer Stunde meine Schwester heimkam, hatte sich das dumme Viech schon derrennt.

Sie hat geschrieen wie noch was und gesagt, daß ich ein Mörder bin, derweil war es praktisch Selbstmord. Er hätte nur das Rennen aufhören brauchen, aber er tat es nicht. Selber schuld. Und ein Schoppen Bier kann doch einem Hamster nichts ausmachen. Außerdem habe ich ihn eh nicht leiden können, weil er hat immer recht gemuffelt. Meine Mama hat mich geschimpft und gesagt, ich bin und bleibe ein dodaler Grobian.

Dann haben sie den Hamster im Garten neben dem Kompost beerdigt. Als Sarg haben sie eine Bigmäcschachtel hergenommen, aber ohne Bigmäc. Ich mußte zur Strafe einen Zettel schreiben. Den haben sie auf einem Holzstecken aufgespießt und neben das Grab hingesteckt. Darauf stand:

Hier ruht mein Hamster Fridolin
erst lebte er, jetzt ist er hin.
Schuld an dem Verdruß
ist mein Bruder, die dumme Nuß.

Da kannst du sehen, liebes Christkind, wie geschert meine Schwester ist. Zum Schluß hat sie noch ganz scheinheilig gesagt: „Herr, gib Fridolin die ewige Ruhe." Aber ich habe genau gemerkt, daß sie mich meint, weil sie mich so angeschaut hat.

Ich beantrage hiermit, daß Du ihr heuer nichts bringst, höchstens eine leere Schachtel, wo ein Zettel drinliegt und darauf soll stehen: „Wer seinem Bruder wegen nichts und wieder nichts einen Schiebel Haare ausreißt, kriegt vom Christkind einen Dreg!" Dann hat sie es.

Ich wünsche mir dafür heuer etwas mehr, damit es sich ausgleicht. Ich bräuchte unbedingt ein Fahrrad mit 21 Gängen, weil ich bin in der Klasse 1b der einzige, der wo nur drei Gänge hat. Mein altes Rad mit den drei Gängen kannst Du dafür mitnehmen und einem armen Negerkind in Afrika bringen. Für ein solches sind drei Gänge schon ein dodaler Wahnsinn.

Dann bring mir bitte noch einen Extra-Fernseh für mein Zimmer, damit ich nicht immer den Käse anschauen muß, den meine Mutter und mein Vater sehen wollen. Die schauen die ganze Zeit nur Tok-Schous und so Zeug an. Tok-Schous sind Sendungen, wo lauter Nasche dortsitzen und über was reden, was keinen intressiert.

Außerdem brauche ich noch einen Dress vom FC Bayern München und vorsichtshalber von Borussia Dortmund, falls diese Hundlinge wieder deutscher Meister werden. Sonst fällt mir momentan nichts ein.

Du könntest mir aber noch ungefähr 1000 Mark in bar bringen, falls mir später noch etwas einfällt. Dann kaufe ich es mir selber und Du hast nicht soviel Arbeit mit mir. Bitte vergiß nichts, weil sonst bin ich enttäuscht. Und in der Zeitschrift, die wo meine Mutter immer liest, steht drin, wenn ein Kind oft enttäuscht wird, wird es bsüchisch gestört und später eventuell richtig nasch.

Das willst Du doch bestimmt nicht, oder?

Hochachtungsvoll

Dein Björn

P.S.: Hoffentlich gibt es Dich überhaupt, weil sonst ist dieser Brief dodal sinnlos.

Toni Lauerer

„Wos wünschtda du von Christkindl?"

In der heutigen Zeit ändert sich die Sprache nicht nur innerhalb von zwei Generationen, sondern manchmal schon innerhalb von zwei Jahren. Groß werden die Verständigungsprobleme, wenn die Oma mit ihrem Enkel Sepperl spricht oder, besser gesagt, sprechen will.

Oma: No, Sepperl, ejtza sog amol: Wos wünschtda du von Christkindl?
Sepperl: An Walkman!
Oma: An wos?
Sepperl: Kennst du koan Walkman net?
Oma: Naa, Sepperl, an Wokmän kenn i net. Wos is nacha des?
Sepperl: Mit an Walkman konnst im Gej a MC hern.
Oma: Im Gej kon i do a Emze hern? Ja, um Gottes wülln, wos is na a Emze?
Sepperl: A MC kennst aa net? Für des, daß du scho so olt bist, kennst fei weng, Oma.
Oma: Jamei, Sepperl, i kenn des net. Wos's heitzudogs für Sachern git. Wokmän und Emze. Des hob i meiner Lebdog no net ghert. Wos isen nacha des genau?
Sepperl: A Walkman is voll geil. Und wennsd im Gej a MC herst, des schaut voll cool aus. Do host an Stopsl im Ohrn!
Oma: Uiuiuiui! Geil? Kul? Ja, Sepperl, was schmatzt denn du do daher? I woaß iwahaupt net, wos du moinst. I kim mir vor wej bläd. Magst denn du nix anders von Christkindl? Mouß unbedingt a Wokmän sa?
Sepperl: Also, am allerlejwan waar mir a PC. Owa der is deier!
Oma: Wos? A Peze? Omei, Sepperl, an sechan kenne o aa net. Wos is nacha a Peze?

Sepperl: Fürn PC brauchst an Büldschirm, an Drucker und a Maus.
Oma: Ja, pfui Deifl, Sepperl, wosda du für Sachern wünscht! A Maus! Daß dir do net graust. Wos wüllst denn mit an so an Vejch?
Sepperl: Also Oma. Doch koa echte Maus. A Computermaus!
Oma: A Kompjutamaus? Jessas Maria! Sachern gits. Omei, Sepperl, des orme Christkindl. Woaßt denn gor nix anders? Irgendwos Normals?
Sepperl: A PC waar eh z'deier fürs Christkindl. A Gameboy glangt aa.
Oma: Omei, omei. Wos isn des scho wieder, a Gejmbeu? Is der aa kul?
Sepperl: Voll! Da Hinterdobler Kevin hod aa oan. Und d'Kreitmeier Jennifer aa!
Oma: De hammand aa oan? Des hülft alls nix, i kenn des Zeig net. Magst net a Fohrradl von Christkindl? A Fohrradl is doch wos Schejns, ha, Sepperl?
Sepperl: A Fohrradl brauche net, i hob doch eh a Mountain-Bike!
Oma: A Mauntnbeik host du. Ja gits des aa. Und a Fohrradl wüllst net?
Sepperl: Mensch Oma, a Montain-Bike is doch a Fohrradl!
Oma: Aso, des is a Fohrradl. Na host o praktisch scho oans. Mei Sepperl, des is schwierig. I woaß im Prinzip iwahaupt net, wos du wüllst. Ejtz iwaleg amol: Wos magst denn gern, wos koa Kompjutazeig is?
Sepperl: Power-Rangers waarn net schlecht oder a Tyranno, der wos Feier speibt.
Oma: De kenn i aa net. Du doust doch so gern singa. Magst net a schejne Cassettn? Mei, i hob oane gseng, de daad dir gwieß gfolln. „Alle Vöglein sind schon da" hoißts.
Sepperl: Der Krampf! Wenn, dann mecht i a CD vo de Doofen. De singand „Nimm mich jetzt, auch wenn ich stinke"!
Oma: Ja, Sepperl, wos herstda denn du für Sachern o? Vo de Stinkertn!
Sepperl: Net vo de Stinkertn! Vo de Doofen! De san guat. De hert bei uns in da Klass a jeder.
Oma: Omei, wos soll des no wern mit dera Jugend? An so an Zeig ohern! Mir hamma als Kinda so schejne Liadln gsunga: „Ringerl ringerl reiher, d'Brotwirscht san so deier." Magst net irgendwej sowos? Ha, Sepperl?

Sepperl: Aso a Kaas! Wenn, dann mog i de Doofen.

Oma: I segs scho, Sepperl, mir zwoa kemma net zamm. Magst vielleicht a schejns Gwanda? An Pullover zum Beispül?

Sepperl: Brauche net. I krejg vo da Mama eh a Sweat-Shirt und a Levis!

Oma: A Swettschöat? Und a Lewis? Ja, um Gottswülln! Ejtz is soweit. Ejtz kenne's Gwanda aa scho nimmer! Nanana!

Sepperls Mutter Inge, Omas Tochter, kommt herein.

Oma: Also, Inge, i hob mi ejtz mitn Sepperl drüber unterholtn, wos er von Christkindl mog. I vastej den Boum net. Er hod mir zwar an Haffa Sachern gsagt, owa wosa wüll, woaß i no net. I glaub, i gib dir an Hunderter. Den gibst na du'n Christkindl, daß's eam wos Schejns dafür kafft. Er wüll an stinkertn Wokmän und a doofe Maus oder sowos Ähnlichs.

Inge: Des is am allergscheitern. 's Christkindl soll wos aussouchn für eam.

Oma: Genau! Und? Wos kochst am Heilign Obnd? Gschwollne? Brotwirscht? Oder Pfälzer mit Kraut?

Inge: Naa, des ißtma koaner. Für uns hol i Kebab und d'Kinder krejgnd an Bigmäc!

Niklo – Nikolo – Nikolaus

Albert Vierling

Nikolaustag

Das schöne Fest des Christkindleins hatte übrigens schon eine gewisse Vorfeier, ein Vorahnen des heiligen Festes möchte ich sagen. Schon drei Wochen vorher kommt der heilige Nikolaus, der Niklo gemeinhin genannt, mit seinem Knechte und läßt die Kinder beten. Denen, die ihr Vaterunser richtig abzusagen wissen, teilt der Knecht sodann aus dem einen Sacke Äpfel und Nüsse mit, während er in den zweiten leeren Sack die bösen Kinder zu stecken droht. Unter Kettenrasseln wie er gekommen entfernt sich der alte Niklo wieder. In Betreff des Niklo erinnere ich mich eines köstlichen Spaßes aus meiner Jugendzeit. Ein lieber Vetter war gerade am Niklaustage bei uns zu Besuch. Da er ein Freund der Kinder und ihrer Feste war, arrangierte er einen besonders feierlichen heiligen Nikolaus, den einer unserer Gehülfen vorstellen mußte. Derselbe wurde mit dem umgekehrten Reisepelz des Vetters angetan, erhielt eine tüchtige Pelzkappe und das ganze Gesicht voll Bart von langem Werge. Ähnlich sein Knecht. Mit wohlgefülltem Sacke und langen Ketten rückten beide an. Wir sagten unsere Gebete her, allein nicht lange währte es, da läßt sich unterm Tische ein heftiges Knurren vernehmen, das bald in ein Gebell ausartete und von des Vetters großem Jagdhund herkam. Er machte übrigens nichts, bis der Niklo auf uns Kinder näher hintrat, um uns etwas zu geben, da machte er unversehens einen gewaltigen Satz gegen die Brust des Heiligen, der darüber so erschrak, daß er sich sogleich umkehrte und die Türe suchte. Wir Kinder schrieen, der Knecht entwischte durch die Türe, der Niklaus wollte springen, verwickelte sich aber im langen Pelze und noch vor der Türe stürzte er unter dem Dröhnen der Ketten zu Boden und auf ihn der Hund. Die Gefahr war übrigens nicht groß, denn der Hund setzte bloß die Füße auf den Heiligen und sah umher, als harre er der weiteren Befehle, die alsbald mit dem Rufe: „Zurück, Tyras!" erfolgten, nachdem der Heilige stöhnend gerufen hatte: „Ach, Herr Doktor, tun Sie doch den Hund zurück!" Der Vetter und die Eltern lachten furchtbar, unter uns Kindern aber war nicht wenig Verwundern, daß der heilige Nikolaus fast so wie ein Mensch eine Stimme hatte und vor einem Hunde davonlief.

Johann Peter

„Niclo"

Schon herrscht im Gebirge tiefer Winter. Bäche und Schwellen sind zugefroren und der schwarz-graue Wolkenschleier entsendet mit unaufhörlicher Konsequenz die tanzenden Flocken in die Waldlandschaft. Bäume, Sträucher und Hecken sind von der weißen Schneehülle umkleidet und dichte Schwärme von Krammetsvögeln durchziehen mit heiserem Geschrei die öde Flur und nehmen gierig Besitz von den gereiften, sauren Beeren der Ebereschen. – Es kommt der „Niclotog". Wie allerorts, so ist auch dieser Heilige bei den Bewohnern des Böhmerwaldes im besten Angedenken. Nur sind die einzelnen sich an diesen Namen knüpfenden Bräuche viel urwüchsiger und echt volkstümlicher Art. Der Grund dieser Erscheinung liegt darin, daß die Wäldler mit unglaublich zäher Festigkeit an den überlieferten Gebräuchen ihrer Vorfahren festhalten, während sich der Städter nach den kulturellen Verhältnissen zu richten weiß. Deshalb kommt es auch, daß der Städter des Volkes Leben und Gebaren mit Hohnlächeln betrachtet, wie sich's auf anderer Seite wieder die Bauern nicht erklären können, daß der „Stodherr" gar so „überg'studirt" sein kann, daß er ihre „natürlichen" (!) Sitten gar so verblüfft anstaunt und dieselben nicht zu deuten vermag.

„Heut kimmt da Niclo!" sagt die Wäldlerin zum ausgelassenen Jungen, zum eigensinnigen Mädchen. Welch' eine Wirkung dieser Worte auf das kindliche Gemüt! Aus dem wilden Rangen wird das zahmste Bübchen und das trotzige Mädchen verwandelt sich in die ergebenste Dulderin. Denn mit dem „Niclo ist nicht gut spaßen", und mit den Kindern versteht er schon gar keinen Spaß! Man hat den Kindern viel Erschreckendes, aber auch viel Erfreuliches vom „Niclo" erzählt, und ihr Glaube an denselben ist ein unerschütterlicher. Schon einige Tage vor Nicolaus bemerkt man im Wesen des Kindes eine auffällige Veränderung: Es betet willig sein Morgen- und Abendgebet, besucht gerne die Schule und befolgt getreulich der Eltern Befehle und Anordnungen.

Am Vorabende des „Niclotages" „geht der Niclo um". Der Knecht oder der älteste Sohn des Hauses spielt die Rolle des „Niclo". Um sich den Kleinen unkenntlich zu machen, bedeckt er das Gesicht mit einer Larve; den Kopf ziert eine steifpapierne Bischofsmütze, welche bunt bemalt ist, und ein weißes Hemd vertritt das reine Priesterkleid. In der Hand hält er einen mit irgend einer Farbe „angestrichenen" Stab, den Hirtenstab. Der „Niclo" erscheint jedoch nicht allein, sondern in Begleitung des Teufels und zweier Engel. Der Teufel ist scheußlich gekleidet. Schwanz, Hörner und eine glühend-rothe, lange Zunge dürfen an seinem schwarzen Kostüm nicht fehlen. Den hinkenden Gang des wahrhaftigen Satanas muß der Darsteller dieser Rolle gut nachahmen. In der Hand hält er eine lange Ruthe und eine schwere Eisenkette, womit er die unfolgsamen Kinder peitscht und in die Hölle schleppt. Die Furcht vor dem Teufel ist so groß, daß die Kinder zur Zeit der Dämmerung um keinen Preis mehr die Stube verlassen. Sie glauben entschieden auf den wahrhaftigen Satan und an eine Entführung in die Hölle, an eine unfreiwillige Höllenfahrt. Deshalb beten sie tagsüber recht fleißig, daß ihnen der Gottseibeiuns am Abend ja nichts „anhaben" kann. – Die zwei Engel erscheinen ganz weiß und führen Körbchen oder „Maschen" mit sich, aus denen sie die braven Kinder auf Befehl des „Niclo" mit Süßigkeiten und anderen erfreulichen Sachen beschenken. Die Engel werden durch zwei Mädchen dargestellt.

Der Abend bricht an. Schon erleuchtet das kleine Petroleumlämpchen mit düsterem Schimmer das Gemach. Das Hausgesinde sitzt erwartungsvoll auf den Bänken herum und die Kinder suchen sichere Zuflucht im Tischwinkel und erwarten mit bangender Seele und doch wiederum mit geheimer Freude den „Niclo". Da auf einmal entsteht im Vorhause ein Getöse und Gepolter, daß es durch das ganze Haus schallt und kracht. Ketten rasseln, Glöcklein klingen, Thüren klappern, Kinder zittern – jetzt pocht es mit Ungestüm an die Thür – sie springt auf – und der Niclo erscheint in Begleitung des Teufels und der zwei Engel am Eingange. Während sich der „Niclo" ganz ruhig verhält, stürmt der rasende und polternde Teufel wuthentbrannt auf die Kleinen zu. Mit dröhnender Stimme schreit er: „Loßt's ma dö Kinda!" Diese fallen schreckensbleich auf die Knie, falten ängstlich die Hände zum Gebete und sprechen ein Vaterunser nach dem andern. Zeitweilig unterbrechen sie das Gebet und rufen die Mutter gegen den tollen Teufel zu Hilfe: „Muada, Muada, hoifts uns; steht's füa!" Die Mutter vertheidigt alsdann die Kinder, indem sie sich vor dieselben stellt und den einstürmenden Satanas abzuhalten sucht. „Weads brav sa?" schallt jetzt des Teufels Stimme, begleitet von heftigem Kettengerassel. „O jo, wia wean brav sa!" wimmern die Kinder zurück. „Wenns brav sa weads, so wia i eng nix thoa! Owa miakts engs, do unt' im Woid bin i vasteckt; wenn i was höa von eng, glei bin i da und z'reiß eng af tausnd Fetzn! Vastond'n?!" – „O jo, wia wean brav sa!" versprechen die Kinder. – Jetzt läßt der Teufel nach und der Niclo nähert sich mit den Engeln den Kleinen, gibt ihnen heilsame Lehren für's Leben und fordert sie auf, ein gottgefälliges Leben zu führen. Alsdann theilen die zwei Engel die „Niclogeschenke" unter den Kleinen aus. Äpfel, Nüsse, „Kletzen", Semmeln bekommen die „braven", Ruthen und „Papierknödel" die „schlimmen" Kinder. Haben sie vorher aus Furcht vor dem Teufel gebetet, so beten sie jetzt aus Dankbarkeit für die „guat'n Soch'n", die ihnen vom Nicolo beschert wurden. Ruhig und süß schlummern sie dann ein und träumen wohl die ganze Nacht von dem wunderbaren Ereignisse.

So die Sitte des „Niclogehens" im Böhmerwalde. Pädagogisch ist sie zwar nicht, aber originell in ihrer Art. Ihr Ursprung ist ein uralter und knüpft sich an den Bischof von Myrha, Namens Nicolaus, was so viel wie Volkssieger bedeutet, der zu Patera in Lycien geboren wurde und sich im Concil zu Nicäa im Jahre 325 als eifriger Kämpfer gegen die Arianer hervorthat. Nach seinem Tode war er schon mehrere Jahrhunderte im Morgenlande und hie und da auch schon im Abendlande als Heiliger verehrt worden, und heute zählt er zu den Hauptheiligen der katholischen Kirche.

Gottfried Kölwel

Die Augen des Nikolaus

Die Tage wurden nebeliger, und die Düsternis kam schon früh am Abend zu den Fenstern herein. Da saßen wir Kinder meistens in der warmen Stube und spielten, oder wir drückten, wenn es manchmal dunkler wurde, das Gesicht an die feuchten Fensterscheiben. Während sich der rote Schein der Ofenglut immer deutlicher am Boden abzeichnete, war draußen bald alles grau, selbst der große Waldberg am Horizont war nur mehr verschwommen und undeutlich zu sehen.

Mit heimlichem Grausen dachte man jetzt an die freie Weite; denn da draußen, wo im Sommer das grüngoldene Licht im Laub der Bäume hing und der dunkelste Boden von hellen Tupfen überstreut lag, war jetzt alles zugemacht. Hinter den grauen Schleiern und undurchsichtigen Nebelwänden gingen die unheimlichsten Gestalten um.

Die Zeit der Unholde war gekommen, und wir hörten mit Schrecken von der wilden Luzie, einer hexenhaften, blutdürstigen Weibsgestalt, die ein langes, krummes Messer bei sich trug, um allen Kindern, die ihr in den Weg kamen, den Bauch aufzuschneiden. Gleich furchtbar erschien uns der Thomas mit dem Hammer, der, wie schon sein Name sagt, einen riesigen Hammer schwang und jedem Kind den Kopf einschlug, das ihm begegnete. Nachts rasselten diese Unholde an den geschlossenen Fensterläden und schlugen, wenn auch vergeblich, an die versperrten Türen.

Nur einen ließ man herein, das war der Nikolaus; denn wenn auch er aus der Düsternis der Nächte kam, es hing ihm doch auch viel Schönes, ja, sogar viel Erwünschtes an. Trug er den großen Sacke doch nicht bloß deshalb auf der Schulter, um Kinder einzufangen und sie in die weglose Nacht, in den Wald oder an den Fluß hinauszutragen, er hatte den Sack ja auch gefüllt mit Äpfeln, Nüssen, Schokolade und allen möglichen Leckerbissen.

Wir hatten gerade zu Abend gegessen, als er am Nikolaustag plötzlich daherkam. Das Geschirr stand noch auf dem Tisch, und es war mir zumute, als hätten alle Teller geklirrt, während es draußen im Hausgang rasselte. Gleichzeitig hörte ich langsame, schwere Tritte; sie kamen immer näher, auf den Stufen, die zur Wohnstube emporführten, knarrten die Bretter, kurz darauf rauschte und wischte es an der Tür. Jetzt wird er hereinkommen! dachte ich. Da bewegte sich auch schon die Klinke, das Schloß schnappte, die Tür ging langsam auf. Ganz langsam ging sie auf, und eine vermummte Gestalt stand auf der Schwelle. Sie schien keine menschliche Stimme zu haben und sah aus wie ein Stück aus einer unheimlichen Welt, jener grauen und finsteren Nebelwelt nämlich, die nun mitten in unsere warme Stube einbrach. Gott weiß, was diese Gestalt im Schilde führte! Wollte sie mich wohl gar auch erhaschen wie andere Kinder und mich hineinstecken in den finsteren Sack?

Lautlos wich ich zurück, hinter einen Stuhl, wie hinter eine schützende Mauer.

Da bemerkte ich, wie zwei Augen aus der Vermummung auf mich zukamen, und während ich dies sah, blieb ich reglos stehen. Reglos blickte ich den Unhold an, so wie auch er mich ansah, und ich wußte in diesen Augenblicken wirklich nicht, was seine Augen bedeuten sollten.

War es Drohung, Unheil, war es der Blick aus einer anderen Welt, der mich traf, ja was war es nur? Ich konnte mir nicht klar werden über diesen Blick, um so weniger, als mir diese Augen immer größer vorkamen. Sie schienen sich zu weiten und so stark und mächtig da zu sein, daß ich außer ihnen bald nichts anderes mehr zu sehen glaubte.

Gebannt stand ich da, so gebannt, daß ich auch dann noch immer an diese Augen dachte, als der Nikolaus, nachdem er seinen Sack ausgeschüttet hatte, längst wieder in das Dunkel der Nacht entschwunden war.

Ich achtete kaum recht auf die süßen Gaben, so sehr ging mir dieser Blick nach; auch während ich in derselben Nacht im Bett lag, kamen mir aus dem Dunkel immer wieder diese beiden Augen entgegen. Selbst als ich eingeschlafen war, sah ich die Augen noch im Traum, und sie schienen aus der grauen, finsteren Weite der Nacht wie auf unheimlichen Nebeln heranzuschwimmen.

Mich packte eine schreckliche Angst vor ihnen, aber da hörte ich plötzlich eine Stimme. Sie sagte: „Fürchte dich nicht! Ich bin es!" Im nächsten Augenblick aber erkannte ich die Augen meines Vaters, jene blauen Augen, die mich schon so oft lächelnd und gütig angesehen hatten.

Am Morgen, als ich beim Kaffee am Tisch saß, betrachtete ich den Vater so genau, daß es ihm auffiel. Er fragte mich, ob ich mit dem Nikolaus zufrieden gewesen wäre. „Ja", sagte ich, „das bist du gewesen. Freilich bist du es gewesen", bestärkte ich, „ich kenne dich ja wieder an den Augen."

Mein Vater lächelte und widersprach mir nicht; denn warum sollte ich nicht schon beizeiten ahnen lernen, daß uns aus den dunkelsten und schrecklichsten Dingen des Lebens gar oft die Augen einer, wenn auch nicht ergründlichen, so doch unendlichen Liebe ansehn.

Bescherung auf Burg Weißenstein

Die Tage sind nun ganz kurz geworden. Die Burschen schlittern runde Holzscheiben auf der vereisten Dorfstraße. Die Weiber, in Wolltücher vermummt, schneiden mit einem krummen Messer die grünen Nadelzweige von den Fichtenästen, das gibt Streu für das Vieh. Wenn die Schulkinder den Berg heraufstapfen, dämmert es schon. Dann hocken sie in den dunklen Stuben, kleben am trüben Fenster, das nie geöffnet wird. Man muß mit Licht und Wärme sparsam sein. Und draußen ist noch ein wenig Licht, man kann den Backofen erkennen, den schiefen Zaun, eine Holzfuhre knirscht vorüber, ein krummer Bauernrücken watet durch den nassen Schnee. Es ist nicht viel, aber doch etwas. Vielleicht kommt auch einmal irgendein Wunder? Man kann nie wissen.

Und wirklich, da kommt es. Der Nikolaus, ganz wie im Bilderbuch, mit mächtigem weißen Bart, Fellmütze und gefülltem Sack auf dem vorgebeugten Rücken, einen Knotenstock in der einen und eine Rute in der andern Hand, stapft auf der Landstraße. Er klopft an jede Tür, tritt ein – die Kinder verstecken sich kreischend unter Tisch und Bänke –, erkundigt sich mit tiefer unheimlicher Stimme nach jedem, schüttet Äpfel und Nüsse aus seinem Sack und lädt alle braven Kinder zur Weihnachtsbescherung in die Burg ein. Dann wandert er weiter.

Ein naseweiser Bub meint: „Der Herr Baron" – er habe die Skihose erkannt. Aber nein, der Herr Baron ist ja viel größer. Dann wird die Spur untersucht, eine komische, winzige Spur, als wenn der Nikolaus auf spitzen Stelzen gegangen wäre. Diese Spuren im Schnee – die verraten doch alles! Donerl hat sie erkannt: die Frau Baron! Und dann kam Weihnachten.

Kai und Pytt sind einen ganzen Tag auf ihren Skiern im Walde herumgelaufen. Endlich haben sie einen richtigen Weihnachtsbaum gefunden, mit dicht benadelten Ästen nach allen Seiten, so daß man den Stamm kaum sehen kann. Kai fällt ihn mit der

Axt, dann wird Lappa am Riemen vorgespannt, und alle drei schleifen die mit den Zweigen auf dem Schnee schlurrende Tanne heimwärts.

Der alte Mur zimmert ein Holzkreuz, der Baum wird mit einem Keil befestigt und auf dem runden Tisch im Tanzsaal aufgestellt. Pytt schmückt ihn mit vielen Wachskerzen, bunten Kugeln und Silberhaar.

Aber erst, nachdem Rosa dreimal mit der Kuhglocke geläutet hat, dürfen die Kinder hereinkommen. Sie haben ihre Holzschuhe unten gelassen – ein Heer von Holzpantinen in allen Größen bedeckt den Fußboden des Ganges –, und nun trippelt und trappelt es die Treppe herauf und wälzt sich, einer den andern vorschiebend, in den vom brennenden Baum hellerleuchteten Saal. Die Häuslerinnen sind auch mitgekommen und halten die Jüngsten auf dem Arm. Einige stehen auch ohne Kinder da, die Hände unter den Schürzen vergraben.

Es wird gesungen, rauh, heiser und falsch – Lappa heult in der Küche, der Gesang geht ihr auf die Nerven. Dann werden warme Socken, Fausthandschuhe, Pulswärmer, Äpfel, Pfeffernüsse und Lutschbonbons verteilt. Eine alte Häuslerin bekommt einen Schal und eine andere einen Rock von Pytt. Nicht viel, aber doch etwas. Die Hauptsache ist der brennende Baum mit den bunten Kugeln, so etwas haben die Kinder noch nie gesehen. Die Augen sind weit geöffnet, aber die klebrigen Finger wühlen schon in den Tüten. Dann ziehen sie glücklich ab.

Glücklich? Nein, ganz glücklich sind doch nur wenige, die mit den Pulswärmern hätten doch lieber Fäustlinge gehabt und die mir den Fausthandschuhen lieber Wollsocken. Die Häuslerin mit dem Schal schielt etwas boshaft zu der anderen mit dem Rock hinüber, und eine dritte, die nur Strümpfe bekommen hat, beneidet heimlich die mit dem Schal. Die Häuslerinnen hatten wohl mehr erwartet, und auch Pytt ist beschämt und bedrückt; diese Armut und Not überall – da helfen ein Paar Pulswärmer, ein dünner Schal nicht viel.

Aber die Wirtschaftskasse ist wieder leer. Für Kai hat Pytt nur eine neue Windjacke kaufen, eine bunte Krawatte häkeln können. Das ist alles. Kai findet die Windjacke sehr schön, sie hat nur einen Fehler, daß sie neu ist. Von der alten möchte er sich noch immer nicht trennen.

Pytt aber ist sprachlos, als Kai sie zu ihrem Tisch führt: es funkelt und blitzt von elektrischen Kochern, Bügeleisen, Lampen und einer Sonne!

Rosa probiert gleich ihr neues Kleid an, nimmt, ohne ein Wort zu sagen, die Petroleumlampe vom Tisch, an dem Kai und Pytt sitzen, und bewundert sich vor dem Wandspiegel.

Lappa hat zwei Würstchen bekommen und Kisse Mons ein kleines, zerschnittenes Kotelett. Dann gehen Pytt und Kai in den Stall. Olga hockt mit ihrer Familie auf den Stangen und begreift nichts. Aber morgen früh wird sie den Hafer finden. Franziska und Erneste bekommen Kohlblätter und Mona Lisa eine saftige Rübe. Sogar Mona Lischen wird besucht und erhält süße Karotten.

Als Kai und Pytt vom Stall zurückkehren, steht ein heller Stern gerade über dem spitzen Giebel des Daches. Groß und dunkel ragt das Haus in den sternklaren Winterhimmel.

Kai sieht plötzlich ein anderes Haus, auch mit einem Schindeldach, aber breit gelagert, mit weißen Säulen und mächtigen Linden, die über den Giebel reichen. Auch dort brannte ein Baum, funkelte die Winternacht über endlosen Wäldern …

Sigfrid Färber

Der Nikolaus bei den Hartl-Kindern

Es dunkelte in der Stube des Hartl-Häusls. Die Kinder saßen auf der Ofenbank. Anni legte ihr Strickzeug zusammen, mit dem sie sich eine gute Weile abgemüht hatte, und Schorschl kaute an einem Stück Brot. Die Mutter war schon fast den ganzen Tag fort, sie war in die Stadt gefahren, und sie kam erst mit dem Abendzug zurück, weil man in der Stadt überall so lang warten mußte. Es war den Kindern nichts Ungewöhnliches, daß sie allein im Häusl waren, aber heute und jetzt, da es dämmerte, wurde ihnen doch etwas angst, denn es war der Abend, an dem der vorweihnachtliche Wundermann umging, der Nikolaus. Die Mutter hatte den Kindern gesagt, es käme kein Nikolaus zu ihnen, denn der Nikolaus habe nicht immer Zeit, alle Kinder aufzusuchen oder einen seiner Knechte zu schicken, aber sie dürften dafür in der Nacht ihre Schuhe vor die Tür stellen, dann lege der Nikolaus im Vorbeigehen etwas hinein oder er schicke einen Weihnachtsengel, der dies tue. So sei's auch in ihren eigenen Kindertagen immer gewesen, hatte die Mutter gesagt. Und morgen durfte ja der Schorschl in das Nachbardorf in die Schule mitgehen mit der Anni, und dort kam dann der Nikolaus, der ganz echte, der heilige, mit einem Mantel, der von oben bis unten sehr golden glänze – so hatte es jedenfalls Anni im vergangenen Jahr gesehen! –, mit einer Bischofsmütze und einem Stab von gleich wunderbarer Beschaffenheit und mit einem milden Gesicht hinter dem weißen, wallenden Bart. Was die Mutter gesagt und was sie selbst vom Nikolaus in der Schule wußte, das hatte die Anni dem Schorschl schon mehrmals erzählen müssen, und sie hatte sich's auch selber gern ein paar Mal erzählt. Aber es wurde doch immer finsterer und finsterer. Den Kaffee, den ihnen die Mutter zum Aufwärmen dagelassen hatte, hatten die Kinder schon getrunken, und die kalten Maultaschen von gestern hatten sie auch schon aufgegessen. So gab es gar nichts Rechtes mehr zu tun oder zu reden. Und draußen fiel die frühe Nacht ein.

Da erschrak Schorschl auf einmal, weil er aus der Stille vor dem Haus das Geklirr einer Kette zu hören glaubte – oder war es ein Klingeln, ein Läuten – oder beides zusammen? – und alle wundersamen Schauer, die in der Abendstunde des 5. Dezember hei solchen Geräuschen in Kinderherzen sich regen, durchbebten den Buben. Er rief die Schwester zurück, die recht tapfer sein wollte, weil sie doch schon groß war und die ans Fenster eilte, um zu spähen und zu lauschen, und die sagte, es sei wohl bloß ein Wagen gewesen auf der Straße drüben. Aber sie folgte den ängstlichen Rufen des Bruders doch recht gern, denn man konnte nicht wissen … und auf der Ofenbank, nahe der Lampe, fühlte man sich doch weit sicherer. Zudem: Vernahm man jetzt nicht auch eine Stimme, eine tiefe Männerstimme? Und hörte sie sich nicht ganz anders an, als wenn sonst in der Dunkelheit jemand vorbeiging und redete? Es murmelte und raunte aus der Stimme, es rauschte fast aus der Nacht. Und nochmals hörte man das ferne Klirren. Der Wassertopf auf der Herdplatte sumste, und das geschäftige Pendel der Uhr tickte sehr laut hin und her. Wenn nur der Abendzug heute eher käme! Der große Zeiger der Uhr mußte noch einmal ganz rundum gehen, und dann war noch der weite Weg von der Station bis nach Hause.

Da wurden die ängstlichen Gedanken des Mädchens und die sehr verworrenen des Buben auf einmal unterbrochen. Es klopfte am Fenster. Ja, ganz deutlich hatten es die Kinder gehört, und ganz deutlich sahen sie auch jetzt vor den Scheiben eine Schattengestalt. Noch ehe sie der Schreck so recht packen konnte, hörten sie eine Männerstimme sagen: Kinder, machts auf, ich bin da! – und ebendiese Stimme ließ keine Furcht aufkommen, denn das war ja – wie Anni gleich erkannte – die Stimme von Onkel Franz. Sie lief auf den Flur hinaus und Schorschl hinter ihr drein, und sie schob den Riegel der Haustür zurück. Aber der Mann, der jetzt über die Schwelle trat, war zum jähen Erstaunen der Kinder keineswegs der Onkel Franz. Ein verwittertes Gesicht, das unter einer dicken Lammpelzmütze steckte und das von einem wirren und dichten Bart umwuchert war, blickte auf sie hernieder, der Mann hatte hohe Stiefel an, einen derben Stock in der einen Hand und in der anderen einen Sack. Der Nikolaus! rief der Schorschl und packte den Ann seiner Schwester, so fest er nur konnte; aber er fürchtete sich nicht, obwohl es ein recht wilder Nikolaus war, wohl ein Knecht Ruprecht, denn das blasse Gesicht hinter dem struppigen Bart schaute so gut, so mild drein, wie sich's Schorschl nach Annis Beschreibungen beim echten heiligen Nikolaus vorgestellt hatte. Und überhaupt gab es kaum mehr etwas zu fürchten, weil der Mann, wenn er auch geheimnisvoll war, eben doch so wirklich dastand. Der Anna ging es ebenso. Der Nikolaus harrte eine ganze Weile wortlos unter der Tür und lächelte sehr seltsam. Dann trat er ein, und seine Stiefel tappten, und sein Stock klappte über das Pflaster im Flur, und die Kinder folgten ihm wundererregt und herzklopfend in die Stube. Da fragte er sie zuallererst, wo denn die Mutter sei, und sie erzählten es. Dann fragte er sie, ob sie auch immer brav gewesen wären, und sie meinten, es hätte schon gerade gereicht, und sie bekräftigten ihre Worte durch hastig gestammelte, aber herzlich wohlgemeinte Gebete und schielten dabei auch schon begierig auf den Sack. Dahinein griff nun auch der Nikolaus, und es kamen zwei paradiesisch rotbackige Äpfel zum Vorschein und eine ganze Handvoll Backwerk, braune Ringel und helle Sterne. Der Nikolaus verlangte keinen Dank für die Gutsel, vielmehr fragte er die Kinder, indem er sie übers Haar strich, was sie sich denn vom Christkindl wünschten? – Daß der Vater wieder aus dem Krieg heimkommt und die Mutter dann nimmer weint! – Da drückte sie der Nikolaus fest an sich, und die Kinder sahen nicht, wie sein verwittertes Gesicht glänzte in Tränen der Freude. Dann ging er wieder, der Nikolaus, aber er schien es gar nicht eilig zu haben, ganz langsam ging er, immer wieder wandte er sich um, im Hausflur schaute er noch einmal nach allen Seiten, dann erst tappte er über die Schwelle in die Nacht hinaus, und als er verschwunden, schloss und verriegelte Anni die Tür.

So begab sich am 5. Dezember 1946 die Heimkehr des Georg Hartl aus der russischen Kriegsgefangenschaft, die Heimkehr aus dem so langen Fernsein, daß er seinen Kindern, die ihn nicht mehr kannten, als Wunderwesen erschienen war. Und wunderbar hatte ihn in seinen Kindern die Heimat begrüßt und hatte ihm aus ihren Blicken, Worten und Gebeten der trotz aller Verwüstung unverwüstete Glaube entgegengeleuchtet, so hell, daß die Finsternis, die hinter ihm lag, überstrahlt wurde.

Und jetzt mußte der Georg Hartl zur Bahnstation, um seine Frau zu erreichen. So müde, so elend und hungrig er war, schritt er schnell die Straße dahin. Eine Stunde später schritt er sie zurück an der Seite seines Weibes. Er erzählte, wie er von der Stadt aus mit einem Lastauto bis ganz in die Nähe des Dorfes hatte fahren können, erzählte alles, wie es sich begeben hatte mit den Kindern, berichtete auch von einer Frau, die ihm an der Grenzstation die Äpfel und das Backwerk geschenkt hatte als ersten Willkomm in der Heimat, und wie er gleich beschlossen hatte, diese Dinge als Mitbringsel für die Kinder aufzuheben. Er zeigte seiner Frau den Sack, der jahrelang all seine lumpige Habe gefaßt hatte, diesen armen, traurigen Gefangenensack, den die Liebesgabe und der Kinderglaube zum fröhlichen, reichen Nikolaussack verwandelt hatten. Dann besprach man, wie er heimlich ins Haus kommen könnte, wie er Mütze und Stiefel, Stock und Sack verstecken wolle, den Kindern ihr Wunder nicht zu rauben und es vollkommen zu machen, wenn er ihnen anderntags, befreit von seinem wirren Bart, am hellen Tag als Vater entgegentreten würde, den das Christkind heimgeleitet hatte, noch vor Weihnachten die Bitte erfüllend, die der Nikolaus überbracht.

Aloys Balsamer

Der Niklas

Wenn jetzat die weihnachtsträchtige Zeit da is, dann merkt ma als Erwachsner, daß ma irgendwia ärmer wordn is. Als Kind hat ma früher alle Tag, wenn ma von der Schul hoamkomma is, neugierig d'Luft durch d'Nasn zogn. Da hat d'Muatter Platzln backn, die erstn. Und ma hat glei riachn müassn und wissen wolln, ob's a paar Ofenkrüppel z'ammbracht hat. So haben die Platzln ghoaßn, die an Fehler ghabt haben, die z'krumm warn oder z'weiß oder gar z'braun. Damals hat ma nämli no net einstelln könna, wiaviel Grad der Ofen zum Backn braucht und da is doch öfters was danebnganga. Der Backg'ruch hat oan wissen lassn, daß der heilige Nikolaus bald kommt, der bei uns bloß „der Niklas" ghoaßn hat.

Auf den z'wartn, des war so a bsonders Gefühl. Je näher der Niklastag kommen is, desto unsicherer war ma. In der heutign Ausdrucksweis hat uns also der Niklas „verunsichert".

Z'erst is er mit an Knecht Rupprecht im Kindergartn antanzt. Der Rupprecht hat allerweil an großn Besn mitghabt und a schwaare Keen – was hochdeutsch „Ketten" hoaßt. Über der Schulter is a Sack ghängt, aus dem zwoa Kinderhaxln außergschlenkert san, ohne Schuah, aber mit weiß-blau gringelte Strümpf. Und die Ringelstrümpf siehg i heut no hi- und herbaumln.

Spater – wia mir aufklärt warn – samma, wenn's duster wordn is, durch d'Gassn zogn und haben alle Niklas mit Schneebäll beschmissn. Aber da is uns scho inwendig bewußt gwesn, daß ma a bißerl ärmer warn, weil des scho lang nimmer so schö gwesn is. Heut is ma no ärmer, weil's D' gar koan mehr siehgst auf der Gaß – die Niklas san jetzat motorisiert.

So is des halt an echte Erfahrung, die mir Menscherl machn. Je gscheiter und technisch besser, daß mir werdn, desto ärmer werdn mir aa. Mir wartn nimmer zitternd da drauf, daß oaner kummt und uns sagt, ob mir brav oder bös gwesn san. Irgendoaner mit ara scheinbar jenseitign Autorität. Mir san ja soo gscheit und beurteiln uns selber, egoistisch, überheblich, so, wia mir uns sehng, als ob ma in aran Spiagel eineschaugn. Alls is guat, alls is recht, alls is brav, was mir gmacht haben! Und trotzdem bleibt inwendig a leiser Zweifel, den mir aber bekämpfn und möglichst kloa haltn. Mir streifn des kindliche Gemüt ab, fortschrittlich und erwachsn, wia mir san! Bloß: Ärmer san mir aa! Mir bringa des um, was ma modern „Selbstkritik" hoaßt und mir werdn so unser eigner Niklas, der uns bloß Nüß bringt und koane Schläg!

Derweil taat's uns so guat, wenn ma bloß a kloans bißerl zittern müaßatn, wenn ma die seltsam menschliche Gfühlsmischung von a wengerl Erwartung und sehr viel mehra Angst no amal spüratn. So wia damals, wia uns der Schurz von der Muatter no vorkomma is wiar a Schild gegen was, des ma halt doch hinnehma hat müaßn und des uns wenigstns a Zeitlang bescheidner und braver gmacht hat!

Des taat uns guat, so a Niklas, so a bißerl a Zittern, a kloans wengerl Angst vor irgendoaner Autorität aus'm Jenseits mit Weisheit und Strafgewalt.

Niklas, wo bist Du?

Paula Dittrich

Vom Nikolaus

Niklo hat's bei uns frühers mehra wia gnua gebn. Schöne und scheichtsame, heilige und – meistens – recht böse. Der, der zu uns in d' Schul' kemma is, dees war d' Wagerin, d' Schulputzerin. Dees war eigentlich mehra a Niklo-Wei; denn viel umto hat sa se net, dass wia a Niklo ausschaut.

Übers Putzgwand und ihran weitn Kittl hat sa se a Roßdeck gwicklt und auf'm Kopf hat s' a Bischofshaubn gsetzt, de s' mit Mehlpapp aus am gelbn Glanzpapier zambickt ghabt hat. Zwischen de zwoa Haubnspitz is ihra graua Haarschopf außagstandn. Des Wichtigste für sie, und aa für uns natürlich, war a endslange Lattn. Mit dera hat s' bis in de letzte Bank hinterehaua könna.

Gschrian und gfetzt und ghaut hat s' wia narrisch. Wia i dees im 1. Kurs 's erstemal derlebt hab, bin i auf und davo und oba zum Hauptlehrer Drunkenpolz, den i guat kennt hab. Der hat mi auf den Kasten hinter der Tafe aufegsetzt, und von da obn aus hab i dann zuagschaut, wias de großn Buam traktiert hat.

Da hat sa se an Zorn und an Grant vom ganzen Jahr auslassen, denn de Bravern warn Kinder damals ja aa scho net. Jeden Tag 12 Schulöfa hoazn und 's Holz dafür einatragn! Und der Dreeg, den d' Holzschuah und de gschmiertn Stiefen auf de rauha Fuaßbödn gmacht ham!

Aa dahoam is's im Dezember hübsch zum Fürchten obaganga. De Zeit mit'm Nikolaus, da Luzier, am Thama mit am Hamma und da langa Stang, dees war dann da Tante Marie ihra Zeit. Bald hat s' im Hausgang Messer gwetzt und gschrian wia a Heberl, dann wieder mit am Hammer auf da Stiagn umananderghaut oder um an Besenstiel a weiß' Leintuach ghängt und damit langsam bei da Tür einagnickt und „Scherengengen" gwinslt.

Aber an Nikolaus, dees muaß ma ihr lass'n, den hat s' schön gmacht! Alle Jahr anders, und nia ham ma s' kennt.

Bald war s' a heiliger Bischof mit weißgolderm Mantel, Mitra, Stab und am lilablaua Fingerring. An dem hab i 's kennt, daß a echter Bischof is, weil i beim Bischof Antonius aa an solchan gsehgn hab.

A andersmal war s' dann wieder a so a schöner Niklo, wia'n da Kaulbach gmalt hat. Und oamal hat s' sogar an Engl dabeighabt, oan mit echte Flügl. Daß dees a echter Engl war, hat ma leicht feststelln könna, weil er beim Fortgehn an der Haustür in Gummi-Galoschen gschloffa is, daß seine weißen Schuah net dreckig worn san. Galoschen, dees war damals direkt no was Himmlisch's!

Mitbracht hat da Nikolaus selber nix. Aber wenn er fort war, war a nausgstellts Tellerl aufamal voll Äpfel und Nüss', Lebkuchen und a bißl Schokolad'. A so, wia der Nikolausteller grocha hat, duft net leicht nomoi was auf der Welt!

Auf da Straß' is 's am Nikolausabend scho gräuslich zuaganga. Überall hat's gschebert und duscht und grasselt. D' Hund' ham bellt, und d' Burschn ham gschrian und san umanandergrennt, und d' Nikolausn aa. Ma hat nimmer gwußt, wer wem nachtuat, und wer wen fürcht.

Mia ham voller Angst bloß a kloans bißl hinterm Vorhang zum Fenster außegutzt, und unser alte Moni hat d' Händ' überm Kopf zamgschlagn und g'jammert: „Du lieber Good in deinem Reich! D' Froas kanntn de kloana Kinder kriagn, wenn s' ebbas sechas sehgn müaßn! Wo führt dees no hi mit dera heitiger Jugend!"

Nach soviel Angst und Schrecken war ma dann scho recht froh, wenn endlich der Christkindlbrief zwischen de Winterfenster fort war, und ma hi und da a glänzends Englshaar gfundn hat.

Toni Lauerer

Nikolaus

Eine Kette rasselt an der Haustüre.
Vater: Oläg! Hein, ejtz moine kimmt da Niglo!
Mutter: Sog holt net immer Hein zu dem Boum! Heinrich hoißta!
Vater: Oläg Heinrich, ejtz moine kimmt da Niglo! Der nimmt di
mit! Der dout di in sein Soog eine! Do wirst schaun!
Heinrich: Der soll net kema. Der soll draußd bleim, der is böse!
Mutter: Des host davo! Moch holt dem Kind net immer sovül
Angst!
Vater: Doude net owe, Heinrich. Vielleicht nimmta di doch net
mit. Schauma amol. Daß du fei ja dei Jesukindlein konnst!
Heinrich (ängstlich): I m...moin scho, daßes kon. Glaub i.
Der Nikolaus betritt den Raum.
Nikolaus: Hoho! Hoho! Von drauß vom Walde komm ich hör,
ich muß euch sagen, es weihnachtet söhr!
Vater: Ja, is scho recht, Nikolaus. Fang o. D'Sportschau lafft scho.
Nikolaus: Wohnt do der kloane Hein?
Mutter: „Heinrich" hoißta, Nikolaus!
Nikolaus: Tschuldigung! Wohnt do der kloane Heinrich?
Vater: Hä! Hein, äh, Heinrich! Sog holt wos. Da Niglo hod di
wos gfragt. Bist du dorert oder wos?
Heinrich (ängstlich): J...ja, i w...wohn d...do!
Nikolaus: Hoho! Bist immer schej brav gwen?
Vater: Ja, gib holt a Antwort, wennsd gfragt wirst! Bist brav gwen
oder net?
Heinrich: J...ja, N...Nikolaus, i bin scho brav gwen. Glaub i.
Mutter: Es gejt scho, Nikolaus. Es gibt schlimmere Bouma.
Nikolaus: Und? Konnst wos? Magst du mir wos erzählen?
Heinrich: Naa!
Vater: No frale, Hein, äh, Heinrich! Du host doch extra fürn
Nikolaus 's Jesukindlein glernt. Ejtza sogs amol schej, 's Jesu-
kindlein. Auf gehts!

Heinrich: Hm …

Nikolaus: Hoho, hoho! 's Jesukindlein konnst du, Hein, äh, Heinrich? Sogs amol!

Heinrich: J…Jesukindlein, k…komm zu m…mir, mach ein gutes Kind …

Vater: Ein frommes Kind! Koa gutes! A frommes Kind, hoißt des! Reißde a weng zamm!

Heinrich: Mach ein f…frommes Kind aus mir. Mein … mein …

Vater: Ja sog amol, Hein, bist du wirklich so bläd? Ejtz hammas gestern stundenlang glernt. San eh bloß a poor Zeiln. Net amol de konnstda mirka. San eh bloß a poor Zeiln!

Mutter: Des kimmt vo dem vüln Fernsehschaun! Do wernd de Kinder dodal verblödet. Des is erwiesn! Ejtz gej, Heinrich, streng di a weng o!

Heinrich: I kons nimmer, Mama. Derf i wos singa?

Vater: Nix wird gsunga! Ejtz wird bet! Mir hamma uns doch net gestern zwoa Stund highockt, daß du ejtza singst!

Nikolaus: Hoho! No, Heinrich, ejtza sei holt net so nervös. Sog amol in aller Ruhe 's Jesukindlein! I dou dir doch nix!

Heinrich: Derf i net wos singa, Nikolaus? Singa kannt i wos.

Vater: Nix do! Gsunga wird am Heilign Obnd. An Nikolaus wird bet. Des war scho immer aso. Ejtz sog dei Jesukindlein, sunst krachts! Fang nomol vo vorn o!

Mutter: Des kimmt vo dem vüln Fernsehschaun! Do werdns ganz bläd.

Heinrich: J…Jesukindlein komm zu mir, mach ein frommes Kind aus mir. Mein … mein … Derf i net doch singa?

Vater: Bet, sunst wia i narrisch!

Mutter: Ejtz, streng di doch o, Heinrich! Mei Liawa, ab morgn wird nimmer Fernseh gschaut. Do wirst ganz bläd. Und du schaust aa nimmer sovül, Alfons!

Vater: I? Worum i? Konn i's Jesukindlein net oder dei Bou?

Mutter: Aha! Immer wenn er wos net konn, dann waars mei Bou! Du bist unmöglich!

Vater: Wals wohr is! Des is doch a Blamasch mit dem Fratzn!

Nikolaus (peinlich berührt): Hoho, hoho! Also, wega mir derf er fei singa a. I mou des Jesukindlein net unbedingt hern.

Vater: Holt di du do aussa, Niglo. Ejtz wird bet und aus!

Nikolaus: Hoho!

48

Mutter: Also, sog amol, Alfons! Wej redst denn du mitn Herrn Nikolaus? Wenn da Herr Nikolaus a Liadl hern mog, dann soll holt da Heinrich a Liadl singa.

Vater: Nix do! Ejtza wird net gsunga! Do kon da Niglo sogn, wos er wüll!

Nikolaus: Hoho! Noja, i hejt ja bloß gmoint …

Vater: Des is mir Wurscht! Ejtz wird bet! Sog amol, Bou, bist du so bläd oder doust bloß aso? Wennst du's Jesukindlein net konnst, dout di da Niglo in Soog eine und nimmt di mit, daß das glei woaßt!

Heinrich (sehr weinerlich): I kons net, Papa, ehrlich! I hobs vergessn!

Mutter: Ejtz fang nomol o, Heinrich. I hülf dir. Jesukindlein komm zu mir, mach ein …

Heinrich: … frommes Kind aus mir. Mein Herz ist klein, kann niemand hinein, als d…du, als du … als du … derf i singa?

Nikolaus: Wennsd magst, Hein, äh, Heinrich, wennsd magst, dann sing!

Vater: Ejtz holt amol du dei Maal, Franz!

Nikolaus: Hoho, Hoho!

Mutter (erschreckt): Also, Alfons!

Heinrich: Papa, worum sagst denn du „Franz" zum Nikolaus?

Vater: Ah … ah …, „Franz" hob i gsagt? Do moußtde vahert hom, Heinrich. Ejtz frog net umanand, bet! Reißde zamm! Des derf doch net wohr sa. Ejtz bin i selber scho ganz bläd.

Heinrich: Und wenn i „Stille Nacht" singa daad?

Vater: Des singst am Heilign Obnd! Heit is's Jesukindlein dran. Bet, sunst fangst oane!

Mutter: Also Heinrich, ejtza fang nomol o. I hülf dir. Also, Jesukindlein …

Heinrich: … komm zu mir, mach ein frommes Kind aus mir, mein Herz ist klein, kann niemand hinein, als du mein liebes Jesulein. Jesulein komm …, *(weinerlich)* Jesulein komm … *(noch weinerlicher)* Jesulein komm …

Nikolaus: … mach mich fromm, daß ich in den Hümmel …

Heinrich: … komm!

Nikolaus: Genau! Schau her, ejtz hostas kinnt! Schej hostas kinnt!

Vater: Ja, ejtz hostas ja du bet, Nikolaus. Da Heinrich hejts doch betn solln, net du!

Nikolaus: Noja, da Nikolaus mou doch de kloan Kinder a weng hülfa. Gell, Hein?

Mutter: Heinrich hoißta, Herr Nikolaus!

Nikolaus: Gell, Heinrich?

Heinrich: J…ja.

Nikolaus: So, ejtz host dei Jesukindlein bet …

Vater: Du hostas bet, Nikolaus! Des paßtma gor net. Eam hammas glernt und du hostas betn mejßn. Des paßtma gor net!

Nikolaus: Noja. Ejtza, Heinrich, magst ejtza dei Gschenk?

Heinrich: Naa!

Nikolaus: Net?

Heinrich: D…doch! Scho!

Nikolaus: Wos hostda denn nacha gwünscht vom Nikolaus?

Heinrich: I woaß nimmer.

Mutter: No Heinrich, konnst di nimmer erinnern?

Vater: Ja sog amol, bist du dodal prellt? Seit Wochen liegst uns in de Ohrn mit dein Gschenk, und ejtza woaßtdas nimmer!

Mutter: Ab morgn derfst nimmer Fernseh schaun!

Vater: Genau! Glei sollst nix krejgn. Ejtz iwaleg und sogs! Sunst gejt da Nikolaus wieder und du krejgst an Dreg. Wennsd net amol dei Gschenk woaßt, na hejt da Nikolaus glei dahoambleim kinna!

Nikolaus: Hoho! So, Heinrich, sog amol schej, wos du dir gwünscht host!

Heinrich: A… a… ejtza woaßes wieder: A Zelt! A Zelt wollt i!

Mutter: Genau! A Zelt! Do bine gspannt, obst oans krejgst.

Nikolaus: Schauma amol in'n Soog eine, wos i dabei hob. Hoho! Ja, do schau her, a Zelt! Schej zammgfalt. A Zelt. Des is schej, ha, Heinrich? Gfollt dir des?

Heinrich: I segs o net, wals zammgfalt is.

Vater: Frale gfolltsda. Des is genau des, wos du hom wolltst. Des wos du uns im Katalog zoigt host.

Heinrich: Wej woaßt denn du des? Des is doch zammgfalt!

Vater: Des is scho des. Da Nikolaus bringt scho's Richtige. Der is doch net dumm. Ejtz gtreide a weng!

Mutter: No, Heinrich, gfrei de holt iwa dei Zelt!

Heinrich: Oh, aso a schejns Zelt. Genau des, wos i mir gwünscht hob! Wej i mi gfrei!

Nikolaus: Hoho! Des gfreit mi, Heinrich, daß di des gfreit. Des konnst im Summer im Gortn aafbaun, und dann dout da Papa mit dir draußn iwanachtn.

Vater: Daßme d'Muckn recht dastecha. Des konnst vergessn!

Nikolaus: Noja, ejtz mou z'erst da Summer kemma. I mou ejtz wieder gej. Andere Kinder wüllnd aa no a Gschenk. Pfüat eich Gott!

Mutter: Pfiatde Nikolaus!

Vater: Servus! Sog holt aa wos, Heinrich! Du konnst doch'n Nikolaus net ausseschicka wej an Noan. Sog holt wos!

Heinrich: Pfiatde Nikolaus. Dankschön für des Zelt!

Nikolaus: Bittschön! Hoho! Gute Nacht! Bis naxts Johr! Hoho!

Vater: Des mejßma uns no iwaleng, ob des an Sinn hod, wennsd naxts Johr wieder kimmst. Der Bou konnse nix mirka. Der mocht mi nervlich dodal firte.

Nikolaus: Noja, schauma amol. Auf Wüdersöhen!

Vater: Servus Franz!

Heinrich: Also Papa, ejtz host scho wieder „Franz" zum Nikolaus gsagt!

Mutter: Mensch, Alfons, reißde holt a weg zamm!

Vater: Äh … ah … segst, i bin nervlich scho ganz firte. I konnma net amol'n Nikolaus sein Nam mirka.

Heinrich: Mi schimpfst awl, wal i mir nix mirka konn, und du konnst dir sölber nix mirka!

Vater: Ach, bi staad! I schau mir ejtza d'Sportschau o.

Der Heilige Abend

Franz Xaver Schönwerth

Weihnachten

An Christaobmd wird da hali Aobmd ghaltt'n. Dao genga d'Leitt hutz'n zam und unterhaltt'n si. Nao wirds hali Aobmdbraod geß'n, wos jeidas midbringt. Zwetschg'n und Hutzl werd'n kafft und dean Dog gsott'n, daz's kold werd'n.

So bleib'ms bis zi da Mett'n, waos in Kirch'n genga. D'Kinna gengar ins Bed dawal, und di andarn, dai dahoim bleib'm, richt'n d'Sach fir s'Christkindl. Da Disch wird mid an weiß'n Douch übadeckt und draf a Stickl Gwand firn Voda, d'Mouda, jeidan Kind, firn Knead und Moid glegt. In bessarn Haisarn stellt mar af di Kloidar an Bam, dea midn Sach und mid Laichtarn zird wird. Da Bam wird lang afghob'm. Af des affi bschirt s'Christkindl. Ay daz Kinna ins Bed genga, stell'ns an Hobarn assi fir d'Schimmerln oda d'Fixla in a Loabschißl, waos Braod bacha wird. Bor oinan kummts Christkindl voar da Mett'n, bor andari nao da Mett'n. Und dawal daz d'Kinna schlaof'n, doud mar a bisl, d'Halft, Hobarn as da Schißl assa. Jei mayara assar is, jei mayara haods Christkindl braocht. Nao da Mett'n genga Kinna, dai in da Kirch'n gwest san, glai zin Schißerl, wos vül gfreß'n hob'm, d'Pferdln, wos Kindl lang gwoart haod.

Z'meist bleibt da Voda z'Haus. Dea bratt d'Mettnwürscht, um Weihnacht'n wird gstocha, Kumma d'Leitt as da Mett'n, werd'n d'Würscht geß'n.

Ay daz ma in d'Mett'n gaid, wird a da Kolenna grnacht, daz ma woiß, wos fir Monad werd'n. Dao werd'n mid da gweiht'n Krcid'n d'Monad am Tisch gschrib'm, und af jeidan Nama wird a Zwiflschila glegt, und in jeide Schil'n kummt a goudi Messaspitz vull Solz eini. Uma sechsi in da Fröü, ay mar in d'Meß gaid, schaud mar um, und wao s'Solz noß is, des Monad wird noß, und waos truck'n is, wirds truckn. Fir jeidan Monad oba wird Oanfang, Mitt'n und Endd genau in da Schil'n unttaschid'n, oangschaut, wais allamal fir zean Deg gilt.

Uma zwelfer wird s'Stelerl vo neinarley Hulz mid in d'Mett'n gnumma. In Amt sicht ma nacha d'Hex'n, wenn ma draf knait. Denn untta da Wandling möün alli Hex'n umschaua, d'Milchmalta am Kuapf. Untta da Mett'n riad'n d'Ochs'n in Stoll oda alles Vaich. Dao legt ma si unttan Groand, nao hayard mas. D'Moidln genga in da Mett'n am Kreitzweg, in Hemad, zaig'n s'Hemad as und werfas asn Weg assi. Oin Moidl wird ira Hem wida zougwurfa von dean, deans sicht. Dea wird ira Moan. Oini is di glickli, Oini haod oba scho a amal a Messa zougwurfa kraigt und wais doarlangt , wirds in Oarm gschnid'n. Si haod oba dean Moan wirkli kraigt. – Mayara woiß i niad. Nao da Mett'n wird da Uaf'n asputzt, waos d'Würscht braod'n hob'm. Dao gitts vül Ascha. Ma brennt vül Hulz, daz's vül wird. Ma brennt a gweihti Polm und Hulz mid. Dean Ascha dond mar unttan Woiz, wenn a gsad wird, daz unttan Woiz koin Broand wird.

(Übertragung)

In der Nacht vor Weihnachten feiert man Heiligabend. Da kommen die Leute der Nachbarschaft zusammen, um zu plaudern und sich zu unterhalten. Dann ißt man gemeinsam, was jeder mitgebracht hat: Zwetschgen und Hutzel, die man gekauft und schon am Tage abgekocht hat, damit sie kalt sind.

So bleibt man zusammen, bis es Zeit zur Mette wird. Die kleinen Kinder sind unterdessen schon schlafen gegangen, und die anderen, die nicht mit in die Mette gehen, richten den Gabentisch für das Christkindl her. Der Tisch wird mit einem weißen Tuch gedeckt und darauf ein Kleidungsstück für den Vater, die Mutter, für jedes Kind und die Dienstboten gelegt. In besseren Häusern stellt man auf die Kleidungsstücke einen geschmückten Baum mit Lichtern. Dieser Baum wird noch lange aufbewahrt. Darauf ist die Bescherung. Ehe die Kinder zu Bett gehen, stellen sie noch eine Brotschüssel mit Hafer für die Schimmelchen oder die „Füchslein" des Christkindls hinaus. Bei manchen Leuten kommt das Christkind schon vor der Mette, bei anderen erst danach. Während die Kinder schlafen, nimmt der Vater oder die Mutter ein wenig Hafer, die Hälfte etwa, aus der Schüssel. Je weniger Hafer noch in der Schüssel ist, desto mehr hat das Christkind gebracht. Nach der Mette schauen die Kinder, die mit in der Kirche waren, gleich nach der Schüssel, ob die Pferdchen viel gefressen haben und das Christkind lange im Hause zugebracht hat.

Meist bleibt der Vater daheim und brät die Metwürste, denn für Weihnachten ist ein Schwein geschlachtet worden. Sind die Kirchgänger dann aus der Mette zurück, werden die Würste verzehrt.

Vor der Mette wird auch der Kalender gemacht, denn man will wissen, wie die Monate werden. Mit geweihter Kreide schreibt man den Monatsnamen auf den Tisch und legt auf jeden Monatsnamen eine Zwiebelschale. In jede Schale kommt dann eine gute Messerspitze Salz. Um sechs Uhr, vor der Morgenmesse, schaut man wieder nach den Schalen: Wo das Salz feucht geworden ist, erwartet man einen nassen Monat mit viel Regen, wo es aber trocken geblieben ist, einen trockenen, regenarmen Monat. Bei jedem Monat aber wird nach Anfang, Mitte und Ende genau unterschieden. Zehn Tage bilden immer eine Einheit.

Um zwölf Uhr Mitternacht macht man sich auf den Weg zur Mette und nimmt ein Kniebänkchen aus neunerlei Holz mit. Auf diesem Schemelchen kniend, kann man während des Amtes die Hexen erkennen. Denn alle Hexen müssen sich während der Wandlung vom Altar abwenden. So sieht man sie, die Milchmalter auf dem Kopf. Während der Mettenzeit sprechen auch die Ochsen und alle Tiere im Stall. Wer sich unter den Futtertrog legt, kann sie hören. Manche Mädchen gehen auch während der Christmette im Hemd auf den Kreuzweg, ziehen das Hemd dann aus und werfen es aus dem Weg heraus. Einigen wird das Hemd wieder zugeworfen von dem, den sie sich als Ehemann wünschen. Sie bekommen ihn und werden glücklich. Einem Mädchen wurde aber auch schon einmal ein Messer zugeworfen, und als sie danach griff, schnitt sie sich in den Arm. Sie hat aber doch den Mann ihrer Wahl bekommen. – Mehr weiß ich nicht (so der Erzähler oder die Erzählerin)!

Nach der Mette putzt man auch den Ofen aus, auf dem die Würste gebraten wurden. Da gibt es viel Asche, denn man brennt viel Holz, damit viel Asche entsteht. Auch wirft man geweihte Palmkätzchen und geweihtes Holz ins Feuer. Die Asche mischt man später in die Weizensaat, damit es unter dem Weizen keinen Brand gibt.

Max Peinkofer

Der seltsame Christbaum

Tiefer Waldwinter ist's geworden. Völlig verschneit und eingehüllt in Frieden und Ruhe ist die Hochwaldwelt. Die Waldbäume
ächzen unter der Last des Schnees. Fuchs, Reh und Hase treibt
der Hunger in die Nähe der menschlichen Behausungen.

Im einschichtigen Fenzlhäusl, darin eine arme kinderreiche
Familie ihr hartes Leben notdürftig fristet, vereint der strenge
Winter Eltern und Kinder am häuslichen Herde. Da sitzt der
Vater mitten in der niedern Stube an einem Haufen Birkenreisig
und bindet Besen. Oder er hockt auf der Heinzelbank und
schnitzt Holzschuhe, Rechen oder Drischeln. Oder er bessert
Kürben aus. Ein richtiger wäldlerischer Hausvater muß ja in allen
hölzernen Künsten bewandert sein, damit auch im Winter ein
paar Pfennige verdient werden können.

Die Mutter sitzt gleich gar auf dem Tisch droben, damit sie gut
sieht beim Flicken. An sie schmiegen sich die Kinder und bitten,
die Mutter möchte doch einiges erzählen vom Christkind, das
nun bald Einkehr halten wird. Die Fenzlmutter weiß aber auch
recht seltsame Dinge zu berichten. Von der Wilden Jagd, die in
langen Dezembernächten durch die Wälder tobt; von der bösen
Luzie, die schlimmen Kindern unbarmherzig den Bauch auf-
schneidet; vom blutigen Thomas, der ein mit Blut besudeltes Bein
zur Tür hereinstreckt; von den drei Losnächten, in denen die
höllischen Mächte aller Fesseln ledig sind.

Da rühren die Kleinen kein Auge und kein Händchen und
schauen der Mutter wie gebannt ins Gesicht und schmiegen sich
noch enger an sie, damit ihnen kein Unhold etwas Schlimmes
zufügen könne. Vielleicht schleicht sich schon so ein unheimlicher Gast um die Behausung herum! Denn wild und heftig purrt
der Wintersturm um das Haus, wirbelt den Schnee durcheinander
und findet geheime Ritzen im Schindeldach, durch die er in den
finstern Dachboden fährt, auf dem die größern Kinder ihre armselige Liegerstatt haben.

Damit sich die Kinder nicht zu sehr fürchten, erzählt die Mutter nun solche Geschichten, welche die Augen der Kleinen wieder mit seligem Glanz erfüllen und die vom Schreck gebleichten Wangen wieder mit frischem Rot bemalen. Da lauschen die Kinder nun mit seligem Herzen, weil sie die tröstlichste aller Botschaften aufs neue vernehmen dürfen.

So verfließen die geruhigen Tage des Adventes in schauerlichem und lieblichem Erwarten. Da kommen ein paar Tage vor Weihnachten die größeren Kinder mit einer erregenden Botschaft von der fernen Schule nach Hause. Mit leuchtenden Augen berichten sie von einem wunderbaren Baum, den man Christbaum nenne und von dem ihnen der Herr Lehrer so viel Schönes erzählt habe. Am Schluß der Stunde habe dann der Lehrer die große Wandtafel umgedreht, und da war mit farbiger Kreide das neue Weihnachtswunder so verlockend und verheißend aufgemalt.

Da haben dann auf dem Heimwege die Kinder des Försters und der reichen Holzbauern mit Stolz erzählt, daß auch sie vom Christkind einen solchen Lichterbaum bekämen. Und da möchten halt sie, die Fenzlkinder, ihre Eltern recht schön bitten, daß auch sie beim lieben Christkind einen solchen Christbaum anschaffen möchten. Sie wären doch grad so fleißig und brav wie die Kinder der Wohlhabenden und hätten trotz des weiten und harten Weges auch jetzt im tiefsten Winter niemals die Schule versäumt.

Da sind die Eltern mäuserlstill geworden, und aus den traurigen Augen der Mutter sind ein paar heimliche Tränen geflossen. Viel Köpf und wenig Verdienst, große Not und kleines Brot, da konnte man sich einen sündteuren Christbaum nicht erlauben, auch wenn er den guten Kindern zehnmal zu gönnen wär. Im ganzen Fenzlhäusl war kaum ein übriger Pfennig zu finden. Gestern erst war der Vater in der Stadt drunten gewesen und hatte endlich den Zins zahlen könen, der schon zu Martini fällig gewesen ist. Da hatte man alle Groschen zusammenkratzen müssen. Ein paar hundert Schindelnägel, das war alles, was der Vater hatte kaufen können. Und diese mußte man haben, denn das Schindeldach war schon lange so schadhaft, daß oft morgens die unter ihm schlafenden Kinder mit Schnee bedeckt und die dünnen Betten halb gefroren waren. Da bleibt kein Pfennig mehr übrig für Weihnachtsgaben …

Der Heilige Abend brach an, und das Christkind verließ den Himmel, um seine Fahrt zu den weihnachtsfrohen Menschen anzutreten. Leise schwebte es durch die nächtliche Luft und hielt ein Weilchen still vor jedem Hause, guckte durch die hell erleuchteten Fenster oder durch das Schlüsselloch in die Stube, um zu sehen, ob man ihm eine würdige Wohnstatt bereitet habe.

Da sah es mit traurigen Augen in reichen Häusern protzige Berge von Geschenken und großen Aufwand. Man saß an wohlbestellten Tafeln, aß und trank und sprach von tausend weltlichen Dingen; bloß des Christkindes und der Gnadenfülle der Heiligen Nacht erinnerte sich niemand. Da flog es still von dannen und flog hinaus vor die Tore der Stadt, hinauf auf die hohen verschneiten Waldberge, wo schlichtere Menschen wohnen.

Es kam an einen großen Einschichthof mit weiten Ställen und mächtigen Scheunen. In der düsteren Wohnstube saß am Tisch ganz allein der alte Holzbauer und zählte mit gierigen Fingern einen Haufen blinkender Goldstücke, die er eben aus ihrem Versteck unterm Strohsack hervorgeholt hatte. Auch hier mochte das Christkind nicht bleiben; und betrübt flog es weiter.

Es flog nun immer höher und höher hinauf und kam in die weltferne Hochwaldgegend, in der die menschlichen Wohnungen immer spärlicher werden. Da schaute aus dem tiefen Schnee eine arme hölzerne Hütte, das Fenzlhäusl. Das Christkind bestieg die Scheiterwand und schaute durch das winzige Fenster in die freundliche enge Stube. Vater und Mutter und Kinder saßen still und in inniger, schlichter Freude am Tisch und lauschten, wie der Älteste, der Hansl, mit froher Stimme die Weihnachtsbotschaft aus der alten abgegriffenen Goffine vorlas. Wundersam klang durch den heiligen Frieden der Hütte das beglückende Wort des Weihnachtsevangeliums.

Als die Worte der Heiligen Schrift verklungen waren, schlich sich der Fenzlvater leise in die Kammer und verweilte dort ein Weilchen. Dann öffnete er die Türe und heller, heller Schein, wie ihn diese arme Stube niemals gesehen hatte, flutete herein. Denn der Vater brachte einen leibhaftigen Christbaum. Aber es war ein seltsamer Christbaum. Wohl schmückten ihn brennende Wachslichter, aber an seinen grünen Zweigen hingen an langen Fäden Nägel, neue Nägel, die im Scheine der Kerzlein wie Silber funkelten.

Es war ein Christbaum der Armut, ein Christbaum der Not, die erfinderisch macht wie die Liebe. Und er war wohl schöner als manch prunkvoll aufgeputzter Christbaum. Fast aus nichts hatten die zwei Fenzlleute in letzter Stunde diesen Baum hervorgezaubert. Die Mutter hatte ihren treu verwahrten Firmwachsstock geopfert und der Vater das Geäst geschmückt mit den biedern Schindelnägeln, die er für sein schlechtes Dach gekauft hatte. So schufen Liebe und gottselige Armut aus dem Tannenbäumchen ein rührendes und echtes Weihnachtswunder. Da freuten sich die Kinder aus der ganzen Fülle ihrer einfältigen und anspruchslosen Herzen, die glücklichen Eltern freuten sich mit ihnen, und sie erst recht, und heiliger Weihnachtszauber machte sich breit in der Hütte der Armen.

Das Christkind aber, das noch immer draußen stand auf der verschneiten Scheiterwand, freute sich nicht minder, denn es sah, daß ihm hier unter Geringen und Dürftigen eine würdige Wohnstatt bereitet worden war. Es ging hinein zu den Fenzlleuten und ihren Kindern. Doch diese sahen es nicht. Aber sie spürten es und spürten seinen Frieden und seine Gnade, weil sie guten Willens waren.

Franz Xaver Staudigl

Der Nachtwächter

Die Geschichte spielt um die Jahrhundertwende im kleinen Markt Beratzhausen. Es war Weihnachtsabend, zehn Uhr. Hans Wiggerl verließ seine Wohnung in der Oberen Gasse und trat den Nachtwächterdienst an, zwei Stunden früher als sonst das Jahr hindurch. Es war kalt und dunkel, nur ein paar Sterne funkelten. Auf den Weihnachtsbäumen in den Häusern erloschen die Kerzen, und die Fenster der Gaststuben in den Wirtshäusern wurden wieder hell. Hans ging durch ein schmales Gäßchen in die breite Hauptstraße. Der Schnee knirschte.

Wäre ihm ein Fremder begegnet, er wäre von diesem gewiß als eine wunderlich verzerrte Figur aus der Weihnachtsgeschichte betrachtet worden. Sein abgetragener Mantel, der alte Hut, die Laterne, der Nachtwächterspieß und sein Bart konnten ihn als einen Hirten ausweisen. Das Horn, dieses Blechinstrument, das zur Dienstausrüstung eines gemeindlichen Nachtwächters gehörte, hätte von einem Verkündigungsengel stammen können. Sonderlich aber war der Sack, den er auf dem Rücken trug. Darin war nichts als ein Säckchen mit Nüssen und Äpfeln.

Der Nachtwächter schritt dem Gasthaus „Zum Löwen" zu, das breit am verschneiten Marktplatz lag. Er fand die Haustür und die Tür zum Gastzimmer nicht versperrt, die Wirtsstube war warm und leer. Es dauerte nicht lang, da kam der Wirt aus der Küche, wünschte Hans ein frohes Fest und legte geräucherte Bratwürste, Speck und ein Päckchen Tabak in den Sack.

In Beratzhausen war es nämlich der Brauch, dem Nachtwächter am Heiligen Abend etwas zu schenken. Hans holte sich die Geschenke zwischen zehn Uhr und Mitternacht alter Sitte gemäß, und er wußte, warum: Die Bürger hielten sich viele Diener und bezahlten sie schlecht. Es gab einen Bürgerdiener, einen Polizeidiener, einen Flurwächter und einen Nachtwächter. Er, der Nachtwächter, war der schwächste. Für ihn war das Schenken keine Wohltätigkeitsveranstaltung und das Nehmen keine Unterwürfigkeit; er empfand beides als eine Form menschlichen Zusammenlebens. „Weißt du", sagte er einmal zum Sixenbräu und strich die Geschenke über die Theke, „weißt du, das Schenken an Weihnachten haben die Drei Könige erfunden, und 's Christkindl nahm an. Die Könige waren weise Könige." Dabei lächelte er verschmitzt.

Hans hatte es nicht eilig, durch die Gassen des Marktes zu gehen. Die wenigen dunklen Straßen und Besitzenden, die er besuchen durfte, waren dreizehn: den Tannenwirt, den Sternwirt, den Englbräu, den Striezelbäck, den Kirchenbäck, den Goldschmied, den Färber, den Glaser, den Schuhkaufmann, den Bürgermeister, den Löwenwirt, den Sixenbräu und den Benglerschuster. Seine Geschenke wußte er im voraus: sie waren alle Jahre gleich.

Eineinhalb Stunden waren vergangen, seit Wiggerl aus seiner Häuslerwohnung getreten war. Zwölf Häuser hatte er schon besucht. Fast alle lagen sie am Marktplatz oder in dessen Nähe. Von den Seitenstraßen her, die von den Bergen steil zum Ortskern herabfielen, klang das Geläut von Schlittengespannen. Silberhell und im Rhythmus des schnellen Trabes klingelten die kleinen Glöckchen an den Geschirren der jungen Pferde vor den Stuhlschlitten. Dunkel und im Schritt tönten die Messingglocken, die die Ackergäule vor den schweren Zugschlitten an den Spitzkumeten trugen. Die Bauern und ihre Familien fuhren von den Dörfern her zur Christmette in der Pfarrkirche. Es war höchste Zeit für den Nachtwächter geworden, dorthin zu flüchten, wohin ihn alle Jahre vor der Christmette sein Weg führte.

Hans stampfte mit seinem fast gefüllten Sack hinaus aus dem kleinen Markt. Nach den letzten Häusern ging er über eine Brücke, die einen dunklen, stillen Fluß überquerte, bog ab und ging zur amtlich bestallten Armut, zum Armenhaus. Bürger einer früheren Generation hatten dieses Haus außerhalb des Marktes gebaut, in der Angst, Armut sei ansteckend. Das Armenhaus mit seinen schmalen Fenstern und der niedrigen Tür wirkte schon außen primitiv; innen sah es aus, als ob es nie fertiggestellt worden wäre.

Der Nachtwächter stieg über eine schmale Treppe hinauf zur Wohnung der alten Frau Schob, die mit ihrer schwer herzleidenden Tochter Maria zwei kleine Kammern bewohnte. Die beiden besaßen nichts als viel Gottvertrauen und das „Kosthaferl", das ihnen die Herren vom Ortsfürsorgeverband amtlich verordnet hatten. Jeden Tag mußte Maria das Mittag- und das Abendessen in einem anderen Bürgerhaus holen, so, wie es ein schwarzes Büchlein vorschrieb, das im Rathaus ausgefertigt war und in dem verzeichnet stand, wann und wo das Essen zu holen sei.

„Alle Jahre wieder", begrüßte Wiggerl die beiden, die schon lange auf ihn warteten. Ihre Herzen schlugen höher. „Hast dich beinahe verspätet!" sagte Maria vorwurfsvoll. „Das bildest du dir nur ein!" erwiderte er und griff tief in seinen Sack. Als erstes holte er sein Säckchen mit den Nüssen und Äpfeln heraus, sein persönliches Geschenk, und stellte es auf den Tisch. Dann teilte er einen Christstollen und legte die eine Hälfte zum Säckchen, dazu Plätzchen und Schokolade. Schweren Herzens legte er dann noch den Geldschein des Bürgermeisters bei. „Damit ihr euch selbst ein paar Kleinigkeiten kaufen könnt ...", sagte er bekümmert. Von den Würsten und dem Speck gab er nichts, weil Maria seit Wochen nichts anderes ins Armenhaus brachte als Blut- und Leberwürste mit Sauerkraut. In den Wochen vor Weihnachten war in Beratzhausen fast in jedem Haus ein Schwein geschlachtet worden.

Hans zog seine Pfeife aus der Manteltasche, stopfte sie mit Krüllschnitt, zündete sie an und genoß auf einem harten Stuhl, daß er einer von denen war, die schenken konnten. Welch herrliches Gefühl! Maria zündete eine Kerze an, und es herrschte tiefes, feierliches Schweigen. „Unter uns armen Leuten redet man nicht viel ...", hatte Hans vor Jahren die alte Frau Schob belehrt, als sie ihm unter Tränen danken wollte. Seitdem wußten alle drei, daß Schweigen am schönsten war.

Diese Stummheit währte, bis die Kirchturmuhr der Pfarrkirche zwölf Uhr schlug. Mit dem letzten Glockenschlag verließ der Nachtwächter das Armenhaus. Sein Verlangen nach Punsch leitete ihn so sicher, wie einst der Stern die Weisen nach Bethlehem führte, ins Gasthaus „Zum Stern", das schräg gegenüber der Pfarrkirche lag. Dort begann für ihn Weihnachten.

Der Sternwirt, ein robuster, großer Mann, schweigsam wie eine Wand, beschenkte den Nachtwächter nicht nur, er bewirtete ihn auch Weihnachten für Weihnachten.

Hans schüttelte den Schnee von seinem Mantel, hängte ihn an den Kleiderständer und legte Hut, Laterne und Spieß auf einen

Tisch. Unaufgefordert zeigte er den Inhalt des Sackes dem Wirt. „Hm!" brummte der, was bedeutete: „Du kannst zufrieden sein!" Dann ließ er ein verschnürtes Päckchen in den Sack fallen. Hierauf setzten sich die beiden an einen Tisch in der Ecke des Gastzimmers, in der der Weihnachtsbaum stand. Das Hausmädchen brachte Punsch. Als Hans den ersten Schluck trank, war ihm nicht nur im Magen warm, sondern auch ums Herz. „Du hast den besten Punsch der Welt!" fädelte Hans ein Gespräch ein. – „Halt's Maul, du hast noch nirgend anders einen Punsch getrunken!" konterte der Sternwirt. – „Eben deswegen ...", meinte Hans. – „Trink soviel du willst, aber werde in dieser Nacht nicht betrunken!" befahl der Wirt.

Von der Pfarrkirche drang Orgelmusik und Chorgesang in die Gaststube. Jedes Mal, wenn ein verspäteter Besucher die Kirchentüre öffnete, wurde die Musik oder der Gesang deutlicher. Nach dem fünften Glas Punsch begann der Sternwirt über seine Weihnacht, über die Beratzhausener Weihnacht zu meditieren. Er tat das in Gesprächsfetzen. Hans wußte, was kam: es war alle Jahre gleich, und es war immer die gleiche Stunde. „Die Leute von Beratzhausen waren damals nicht anders als die von Bethlehem", sagte der Wirt. „Als sie eine Unterkunft suchten, wollte auch sie niemand haben." – „Ja, stimmt, du hast recht!" bekräftigte Hans. – „Bei mir brauchten sie nichts zu fürchten!" stellte der Wirt mit besonders nachdrücklicher Stimme fest.

Was der Wirt und der Nachtwächter in Gesprächsfetzen erzählten, ist dem Leser schnell erklärt: Ein Mann und eine Frau, nicht verheiratet, suchten einst in Beratzhausen eine Unterkunft. Die Frau war hochschwanger. Niemand nahm sie auf. In ihrer Not nisteten sie sich im Sommerkeller des Sternwirts ein, der weit außerhalb des Marktes lag. Die Frau kam dort nieder. Der Sternwirt ließ sie dort wohnen und einrichten. Diese gute Tat machte den Wirt jeden Heiligen Abend stolz und rührselig.

Drüben in der Pfarrkirche sang das Volk das Lied von der stillen, heiligen Nacht. Für den Nachtwächter war dieses Lied das Signal zum Aufbruch, denn gleich kamen die Bürger und Bauern, um Punsch zu trinken. Er raffte alles zusammen, nahm seinen Sack und ging nach Hause, nachdem er zum Sternwirt gesagt hatte: „Sternwirt, ich danke dir!"

Werner A. Widmann

„Stille Nacht, Heilige Nacht" oder wie wir daheim Weihnachten gefeiert haben

Es soll Familien geben, in denen nie gestritten wird. Na ja, dort wird man sich stattdessen mit hundsgemeinen Freundlichkeiten langsam aber sicher gegenseitig umbringen. Oder wenigstens auf ewig zuwider werden. Bei uns daheim wurde gestritten, nicht regelmäßig und auch eher einseitig. Die Einseitigkeit war insofern garantiert, weil mein Vater ja ein sehr friedfertiger Mensch gewesen ist, vielleicht sogar ein Phlegmatiker von Gemüt. Meine Mutter aber war vom Gemüt her Sanguinikerin. Und was für eine! Sanguinikerin mit einem nicht zu kleinen Schuß Cholerik sogar.

Wer jetzt denkt, ich möchte meine Mutter noch nach ihrem Tod verunglimpfen, soll es denken. Ich habe sie ja trotz ihres leicht aufbrausenden Blutes sehr gern gehabt und kann auch nichts Unrühmliches über sie berichten. Was hätte ich auch schon gegen dieses Sanguinische mit dem kräftigen Schuß Cholerik in meiner Mutter haben sollen, wo ich diese Gemütsart voll und ganz von ihr geerbt habe. Und da heißt es doch bei Goethe: „Was du ererbt von deinen Müttern hast, erwirb es, um es zu besitzen!" Oder wenigstens fast so heißt es.

Bei uns daheim wurde also unregelmäßig gestritten. Meist war die beständige Knappheit an Geld und an Dingen des täglichen Bedarfs der Anlaß zum Streit. Also war die Streiterei keine Schande, weil Armut, die den Anlaß gegeben hat, ja nach einem Sprichwort auch keine Schande ist. Der einzige regelmäßige Streit, im voraus schon vom Termin her zu berechnen, war derjenige, der drei Tage vor dem Heiligen Abend bei uns daheim aufgekommen ist. Es war gut, daß ausgerechnet dieser Streit termin- und fristgerecht eingehalten worden ist. So konnten wir Kinder uns auf ihn vorbereiten. Mit uns ist ja eigentlich nie gestritten worden, wenn wir auch möglicherweise oft der Anlaß dazu gewesen sind, schuldhaft oder unschuldig, je nachdem. Da der Streit also Erwachsenensache war, hatten wir Kinder wichtige Rollen im Ehestreit. Wir waren so etwas wie die Boten durchs Niemandsland der Verstimmung. „Sag Deinem Vater, das Essen steht auf dem Tisch!" Oder: „Frag Deine Mutter, ob wir nun morgen nach Dingsda wandern wollen oder nicht!" Mit höchst diplomatischen Aufträgen wurden wir also durch die Wohnung geschickt und haben dabei in jungen Jahren schon gelernt, daß ein Streit nie zum Krieg werden muß, wenn der Wille zum Verhandeln da ist und es an geschickten Gesandten nicht fehlt.

Warum bei uns allerdings immer drei Tage vor Weihnachten die Verständigungsmöglichkeiten zwischen Vater und Mutter einer so großen Einschränkung unterlagen, weiß ich bis auf den heutigen Tag noch nicht. Darüber haben wir Kinder, meine Schwester und ich, nie nachgedacht. Wir haben uns vielmehr bemüht, die Spannungen spätestens am 24. Dezember nachmittags beilegen zu können. Was müssen wir doch für gute Diplomaten gewesen sein, daß wir Jahr für Jahr unsere Eltern gemeinsam ins Wohnzimmer zu schieben vermochten, damit sie dort alles für den Besuch des Christkindls vorbereiten konnten. Wir selbst durften ja am Heiligen Abend mit Anbruch der Dämmerung das Wohnzimmer nicht mehr betreten. Wegen der zu erwartenden Christkindl-Ankunft. Wir haben freilich vorher noch aus dem Keller Holz und Kohlen in größeren Mengen heraufgetragen, weil zu Weihnachten, zu Silvester und nochmals am Dreikönigstag der Kachelofen im Wohnzimmer geheizt worden ist. Nur an diesen drei Tagen. Und die Kachelofenpremiere war also jeweils am 24. Dezember. Das allein hat dem Tag schon seine besondere Weihe gegeben.

Nun waren also die Eltern wieder friedlich vereint, im Wohnzimmer, dessen Türe verschlossen wurde. Wir Kinder sollten ja auf keinen Fall – und wenn es nur aus Versehen gewesen wäre – hinein, ehe nicht das Christkind dagewesen war. Das Christkind hat nämlich bei uns das Weihnachten hergerichtet. Es hat den Tannenbaum behängt, der eine Fichte gewesen ist, die Kerzen angezündet und die Geschenke gebracht. Das stand für mich Buben eisern fest, noch als ich an die acht oder neun Jahre alt war. Und ich muß mich noch heute bei meiner, um fast sieben Jahre älteren

Schwester dafür bedanken, daß sie noch als vierzehnjähriger Backfisch mir Siebenjährigem nie und nimmer verraten hat, wer da wirklich den Heiligen Abend im Wohnzimmer vorbereitete. Eine Gschaftlhuberin und Freudverderberin ist meine Schwester eben nicht, heute noch nicht.

Ab und zu ist meine Mutter aus dem Wohnzimmer gekommen und hat gemeint, daß das Christkindl nun jeden Augenblick kommen müsse und daß wir ja nicht durchs Schlüsselloch schauen sollen, weil es uns sonst die Augen ausbläst oder wenigstens mit allen Geschenken und dem Baumschmuck wieder verschwindet, durchs Fenster, wo es auch hereingekommen ist bei uns. Was für eine Spannung dann, wenn meine Mutter im Wohnzimmer laut zu reden begann: „So, jetzt mach das Fenster auf, Otto, es muß ja jeden Augenblick kommen, das Christkind". Dann hörten wir, wie das Fenster geöffnet wurde. „Wo es nur bleibt. Sicher hat es beim Blümlhuber drunten im dritten Stock wieder viel zu tun, weil das Mariandl vom Blümlhuber wieder so viel bestellt hat. Die bekommt ja nie genug."

Ja, und dann ist das Christkind gekommen. Zum Fenster herein, in unserem vierten Stock, in die Mansarde, über die ungemein schiefen und höchst gefährlichen Dächer. Ich habe dem Christkind ob seines Mutes, sich in solch schwindelnder Höhe zu bewegen, damals mehr Bewunderung gezollt, als sie mir heute diese forschen Himalaja-Hinauf-und-Hinunterrenner abringen können. Und wie meine Mutter mit dem Christkind reden hat können! Wie mit einem normalen Menschen! Wir haben von außerhalb der Wohnzimmertür zugehört und unsere Mutter dabei sehr bewundert. So eine welt- ja himmelsbewandte Frau! Mit dem Christkind reden, als wäre nur der Kaminkehrer übers Dach zu uns hereingestiegen! Am Ende ist das Fenster hinter dem Christkind, nach dessen gebührlicher Verabschiedung, wieder zugemacht worden. Dann ist ein feines Glöckerl erklungen, die Wohnzimmertür wurde aufgesperrt und wir durften hinein. Nur zögernd sind wir der Aufforderung gefolgt. Wir haben uns fast nicht hineingetraut in das nun so schöne Zimmer, das in der übrigen Zeit des Jahres immer so kalt und abweisend gewesen ist. Nun war es warm und voller Kerzenlicht und Wachsgeruch. Und der Flügelschlag vom Christkindl war auch noch spürbar in der Zimmerluft.

Der Rest ist einfacher zu erzählen. Das Christkind hatte alles wieder ordentlich so gemacht, wie es alle Jahre zu geschehen hatte: meine kleine Ritterburg war wieder da. Die Zinnsoldaten waren im neuen Glanz, weil vom Christkindl neu gegossen. Es waren übrigens keine Soldaten, sondern Ritter. Mein Vater war mehr ein Ritter als ein Soldat. Die Lokomotive meiner Uhrwerkeisenbahn hatte eine geflickte Aufzugfeder und fuhr nun wieder bis mindestens zum Nachmittag des ersten Weihnachtsfeiertages mit eigenem Antrieb. Dann mußte sie, wie alle Jahre, dank gebrochener Feder, wieder über die Geleise geschoben werden.

Meine Schwester hat sicher auch Geschenke bekommen. Die habe ich aber nie angeschaut, weil mir meine Lokomotive sehr wichtig gewesen ist. Oder gar der neue Güterwagen für diese Spielzeugbahn. Was sind da Weibersachen dagegen! Mitten in den ersten Testfahrten mit der reparierten Lok kam dann regelmäßig das Wort meines Vaters: „Ja, schaut's nur grad hin, wie schön unser Baum heuer ist!" Also haben wir zum Baum hingeschaut, ihn gelobt und bewundert, wir scheinheiligen Kinder. Was ist ein Baum in all seiner weihnachtlichen Schönheit gegen einen neuen Spielzeug-Güterwagen mit richtigen Schiebetüren?

Nach diesem Aufruf zum Baumanschauen, das haben wir gewußt und gefürchtet, ist unweigerlich das gekommen, was man den offiziellen Teil des Heiligen Abends nennen könnte. Meine Mutter hat ihre Mundharmonika geholt und das Lied, „Stille Nacht, Heilige Nacht" darauf intoniert. Beim zweiten Mal mußten wir alle mitsingen. „Weil sonst kein Weihnachten ist", hat die Mutter gesagt. Meine Schwester und ich haben es ja auch ganz gern gesungen, dieses Lied. Nur, wie sollten wir es hinter uns bringen, ohne zu lachen? Mein Vater hat nämlich auch mitgesungen. Darum haben meine Schwester und ich das Lachen nicht halten können. „Otto, sing halt auch nicht so falsch", hat meine Mutter nach der dritten und letzten Strophe gesagt. Und mein Vater, der herzensgute Mensch, hat immer gesagt und dabei gelächelt: „Was, hab ich leicht falsch g'sungen? Hab gar nix g'merkt davon."

Nach diesem musikalischen Ritual ist dann bei uns daheim das Weihnachtsspiel gekommen. Ein Zweipersonenstück, verfaßt von meiner Schwester, in Szene gesetzt auch von ihr. An einen Inhalt oder eine Handlung kann ich mich nicht erinnern. Ich sehe mich

nur immer als Zwergerl, was angesichts meiner damaligen Klein-
heit und mit Hilfe meines Kapuzenmäntelchens leicht zu machen
war. Meine Schwester sehe ich in der Erinnerung ganz länglich
und ganz feierlich weiß. Wird halt ein Nachthemd gewesen sein,
was sie da auf der gar nicht vorhandenen Bühne unseres Wohn-
zimmers getragen hat. Ob sie einen Engel dargestellt hat oder eine
Prinzessin, beispielsweise das Schneewittchen, das weiß ich auch
nicht mehr. Wahrscheinlich wird meine Schwester eine Prinzessin
gewesen sein. Erstens war sie – und ist es heute noch – immer fürs
Märchenhafte und zweitens wird sie sich gesagt haben, daß eine
Prinzessin leichter zu spielen ist als ein Engel, weil Prinzessinnen
ja keine Engel sein müssen. Was uns in unseren Illustrierten in
Wort und Bild immer wieder bewiesen wird. Das Ensemble hat
jedenfalls viel Applaus bekommen und dann hat endlich der
Heilige Abend richtig anfangen können.

Ein festliches Essen hat es übrigens auch gegeben. Keinen
Spiegelkarpfen, dafür aber Würstl, gebraten oder gesotten, mit
Kartoffelsalat. Und das Festliche an diesem Wurstessen war, daß
man ausnahmsweise so viele davon hat essen dürfen, wie man
wollte. Wobei mein Appetit dummerweise an diesem Abend
wegen der Uhrwerkslokomotive und dem neuen Güterwagen ein
beschränkter gewesen ist. Wir haben am Heiligen Abend auch so
lange aufbleiben dürfen, wie wir wollten. Das Fenster ist auch
noch einmal aufgemacht worden. Um die Glocken zu hören, die
in meiner lieben Stadt am Strom von gut und gern siebzig Kirchen
zur Christmette läuteten, am mächtigsten vom Dom. Da waren
wir alle still und schauten in die Nacht hinaus.

Irgendwann am Heiligen Abend hat meine Mutter dann das
erste Stamperl Kräuterlikör getrunken. Der kam jedes Weihnachten in Form einer einzigen Flasche als Geschenk eines Onkels aus
Streitberg in der Fränkischen Schweiz. Wir haben auch ein halbes
Stamperl davon nehmen dürfen. In den folgenden Tagen hat
meine Mutter öfter keinen guten Magen gehabt und sich so einen
„Streitberger Bitter" gönnen müssen. Das Jahr über war ihr
Magen dann wieder in Ordnung. Da war ja auch kein Kräuterlikör mehr da. Und so kann ich mir heute noch meine Kinder-
weihnachten geschmacklich und geruchlich zurückholen. Ich
muß mir nur so einen Bitteren aus der Fränkischen Schweiz kaufen. Aber eben nur eine einzige Flasche. Es ist ja nicht das ganze

Jahr Weihnachten. Das ist auch gut so. Und das habe ich schon als Kind begriffen, wenn wir am zweiten Weihnachtsfeiertag nach all dem Gänse- oder wenigstens Schweinsbraten, nach dem hausgebackenen Stollen, den Plätzchen und den Nürnberger Elisenlebkuchen – letztere immer ein Geschenk unserer Nürnberger Tante – schon etwas schwer und matt geworden waren. Da hat unser hauseigener Philosoph, der sonst so stille Vater, immer das große, wahre Wort zitiert: „Nichts ist schwerer zu ertragen, als eine Reihe von guten Tagen." Was uns nie daran gehindert hat, uns ein ganzes Jahr auf die nächsten guten Tage zu freuen, auf Weihnachten im nächsten Jahr. Und von dem wußte man, daß es ganz bestimmt kommt. Der Termin stand fest: drei Tage nach dem letzten Ehekrach im Jahr, bei uns daheim.

Maria Zimmermann

Der Geldwagen

Wenn die Leute in Burglengenfeld früher in die Christmette gingen, mußte einer zu Hause bleiben; so war es der Brauch. Im Wein-Wirtshaus an der Brücke blieb der Georg, der alte Wirt im Haus.

Seine Leute waren schon fort und er war auf seinem Stuhl gerade eingeschlafen.

Plötzlich hörte er in der Friedhofstraße ein schweres Fuhrwerk heraufkommen. Die werden nicht über den Berg bei der Brücke kommen, dachte er und zog seine Stiefel an, um Vorspann zu leisten. Er ging in den Stall und führte die Ochsen auf die Straße. Als er aber zur Brücke kam, war von einem Fuhrwerk nichts zu sehen. Lautlos fiel der Schnee. Dem alten Wirt kam die Stille unheimlich vor. Er trieb seine Ochsen wieder nach Hause, ging in die Küche und wärmte sich am Ofen.

Um 1 Uhr kamen seine Leute von der Mette zurück. Nun erzählte er seinem Weib das seltsame Erlebnis. „Das war der Geldwagen", sagte die alte Weinin. „Die Rösser ziehen ihn hinauf bis zur Brücke. Sobald aber die Brückenbohlen unter den ersten Hufschlägen dröhnen, ist der ganze Spuk vorbei".

Diese Geschichte wurde früher so gedeutet:

In der Kirchengasse in Burglengenfeld lebte vor langer Zeit ein Kaufmann namens Dezotti, der es bei seinen Geschäften nicht so genau nahm. Jedes Jahr am Heiligen Abend möchte er jenes Geld in sein Geschäft zurückbringen, das er den Leuten auf unrechte Art abgenommen hatte. Aber er darf nicht über die Brücke, weil er noch etwas abzubüßen hat. Auch der alte Wirt, der Wein Georg durfte ihm dabei nicht helfen.

Da alt Wei'diecher hot rechts am Bruckbergl in Lengfeld sei Wirtshaus g'hat. Weihnachtn is gwen. Seine Leit, samt de Dejns'bo'n san en Christmettn ganga und er hot's Haus g'hejt. Zu dera Zeit is' da Brauch gwen, daß in da Christnacht oana en Haus blie'm is.

Grad isa a weng eig'natzt gwen, da herta vo da Mühl' unt' a schwaar's Fuhrwerk affakumma. Hotase denkt, dej kumma niat iwa 's Bruckbergl, da maue Vorspo' leistn. Na hota seine Filzpantoffl hintegschmissn, is en d'Stiefl eig'schloffa, in Stoll hinte und hot d' Ochsn vir d'Hofdier asseg'führt. Weja vire kummt aaf Bruck, is alles meiserl staad. Nix hotse g'riert.

Bloß d'Schneijflocka han langsam und votramt von Himmi owag'falln. 'n altn Wei'diecher is eiskolt iwa'n Bugl oigloffa. Er hot seine Ochsn wieder en Stoll ei', is en Kuchl vire und hotse am Ofa gwirmt. Um oans kumma seine Leit vo da Mettn. Sei Wei sieht'n bein Ofalooch hocka und sagt zu eahm: „Wos schausd'n ejtz goar a so dakumma aus?" Na sagta zu ihr: Weje vora na hal'm Stund' so in mein Ohrnstuhl hock, ejtz kummt da vo da Mühl wos affa, wej a ganz a schwaars Fuhrwerk. D' Resser ham g'stampft und g'schnauft, d'Rader ham g'nartzt und Goisln ham g'schnalzt. I ha' ma denkt, da moue bein Bruckbergl vorspanna. Weje owa aaf Bruck virekuum, is alles laar und staad." „Mei, Vatta", sagt de alt' Weinin, „des is wieder da Geldwo'ng gwen. Der foahrt affe iwa's Bruckberl bis aaf Bruck hi. Aber wenn d'Roos mit' eahrane Huf am erschtn Bruckenbrügl affeschlo'ng is alles goar". De Altn ham dej Gschicht a so aasg'legt: Da hot's freja in da Kirchagass' a Kaufhaus ge'm, des hot oan g'hert, der hot Dezotti g'hoißn. Der hot en seine Handlsgschäfta allerhand Tralamansch gmacht und hot bis heint en sei Gro' koa Rouh. Seit der en Freidhof drunt' liegt, kummt en de haalinga Zeitn da Geldwo'ng zum Bruckbergl affa. Der Kaufmo' mächt wieder in sei Gschäft z'ruckfoahrn, wosa en sein Le'm de Leit ob'schißn hot. Den lejns' owa niat iwa d'Bruck ume, wala z'erscht no weida bejßn mou. Da hot eahm da alt' Wei'diecha mit sein Vorspo' aa niat helfa derfa.

Paula Dittrich

Weihnachten is's!

Alle Jahr is a paar Wochen vor Weihnachten auf geheimnisvolle Weise da Kaufladen, d' Puppenküch' oder de große Pupp'n verschwunden, und am Weihnachtsabend is dees alles wieder frisch aufputzt und wia neu nebam Christbaum gstandn.

Alle Jahr hat scho aa paar Tag vorm Christkindl die Spieluhr am Kripperl „Stille Nacht, Heilige Nacht" oder „Großer Gott, wie loben Dich" im fest zuagsperrt'n „schöna Zimmer" so silbern und fein g'spielt, daß ma 's bloß ghört hat, wenn 's ganz staad war im Hausgang oder in da Küch'.

Und alle Jahr is er wieder dagstandn, da Christbaum, der uns als Kinder so himmehoch vorkemma is. Duft hat er, wia ganz frisch vom Wald eina. Am Spitz hoch obn hat a silberner Stern glitzert, innen um an Stamm ume san rotbackerte Christkindläpfe zum Eischwern ghängt, d' Kugeln ham g'funkelt und d' Kerz'n ham brennt, und koana hat uns sagn könna, wie er einakemma is, da Christbaum.

's Christkindl halt! Dees konn sowas scho! Ans Christkindl ham mir felsenfest glaubt. Lang!

Und wia ma dann schö langsam kennt ham, daß 's doch a bißl anders is, da war uns fast a wengl hart. Was Schön's, was Wunderschön's war nimmer gar so glänzat.

Aber i kann mi net erinnern, daß etzt aa nur oans von uns an der Wahrheitsliebe seiner Eltern zweifet oder gar 's Vertrauen zu eana verlorn hätt'. Und soviel i woaß, san a mia „Christkindlgläubigen" alle durchwegs ganz normale Mensch'n worn!

So geheimnisvoll dees mit 'm Christkindlkemma heranga is, so offen und direkt san ma was anderm gegenübergstellt worn: de arma Leut'. Mia ham no leibhaftig bitterarme Menschn erlebt, auf der Straß' und bei uns dahoam. Net bloß a Plakat mit ausgmergelte Kinder, net bloß a Aufruf, irgendwo irgendwem z'helfa. Mia san mitganga oder alloa hingschickt worn zum Christkindlbringa in armselige Stub'n zu no armseligere Leut'! Und i muaß 's ehrlich sag'n: Mia ham's net gern do. Es hat uns druckt und nachdenklich g'macht, und da Christkindlbriaf is a bißl kürzer worn.

Dahoam is Milchgebäck und Waschkorbkonfekt haufanweis bacha worn und hat net lang wart'n müaßn aufs Austeiln. Alle Aug'nblick is d'Tür staad aufganga, und a Stimm' hat gmurmelt: „Tat aa bitt'n um a bißl ebbs!" Manner, Frauen, Kinder und ganze Familien – neamad is leer ausganga.

A paar ham ma natürlich scho ghabt, de mia Kinder bsonders gern gsehgn ham. Da war z'allervörderst de na'sch Waberl von Neukircha.

Untern Jahr is s' selten kemma, aber um Weihnachten war s' gwiß da. Auf oamal is s' in der Tür gstandn, rotgsichtert, mit verschmitzte kloane Äugerl, ana Knopfnas'n und am graua Schüppl Haar unterm Kopftüachl.

Schnurgrad is s' auf oan zuaganga und hat kracherzt: „Weihnachten is! Lobts s' Christkindl, unsern Herrn!"

„Tean ma scho, Waber, was is dein Begehrn?"

Dann hat's scho gsagt, was s'braucht: An altn Kittl, a Fürta, a Paar Söckl oder a Leibl. „Tausadmal Vergelt's God für alle arma Seeln, s'nachstmal, wenn i wieder kimm, tanz i enk ebbs für! Etzt is de heilige Zeit, do deaf ma net tanzn!"

Recht gfreut ham mia uns aa übern Kuckuck. Der hat net staad bitt um a bißl ebbs, wia de andern, der hat scho durch 'n ganzn Hausgang hintere allerweil „Kuckuck" gschrian wia a echter. Und a jeds Fünferl oder Zehnerl, dees ma eahm gebn hat, hat er in 'n Mund g'steckt, „Kuckuck" gschrian und – weg war's. Sogar d' Zung hat er außagstreckt, und seine Zahnluckan ham ma genau untersuacha derfa – nix war mehr da! Natürlich ham ma allerweil wieder um a Weihnachtsfünferl für 'n Kuckuck bettelt, damit mir des Zauberkunststückl recht oft g'sehgn ham.

A ganz a Bsonderer war da Lenzzolln. I woaß's net, wia er wirklich ghoaßn hat und wo er ghaust hat. Aber bei ana jedn Leich is er mitganga, und es hätt' was g'fehlt, wenn da Lenzzolln net dabei gwesn wär. Dafür hat eahm aa da damalige Herr Kooperator a wunderschöne Grabred' ghaltn.

So abgriss'n und armselig er aa beianander war, und so greislich uns sei stoppelbarters G'sicht vorkemma is, er hat auf uns an bsondern Eindruck gmacht. Und „Lenzzolln! Lenzzolln!" ham ma uns bloß schreia traut, wenn ma mehra warn und er scho weiter weg gwesn is.

A wengl dazwerch, aber kerzengrad is er ganga, aa wenn er nimmer ganz nüchtern war, und dees war er oft. Und so von obn her hat er oan o'schaun könna, daß i, wia er mir kurz vor Weihnachten wieder amal im Hausgang begegnt is, a bißl ängstlich und fast ehrerbietig gsagt hab: „Grüaß God, Herr Lenz!"

Da is er mit am Ruckerer stehblieb: „Was hast gsagt?"

„Grüaß God, Herr Lenz", hab i zaghaft wiederholt.

„Herr Lenz! ,Herr' hat s' gsagt! Dees geht für a Christkindl."

Und mit a paar Tapperer is er wieder aus der Haustür naus und a ganz anders Gsicht hat er g'habt, da Lenzzolln.

Harald Grill

auspacka

reiß des packl af
schau eini
wos drinnat is
legs af d seitn

nimms nexte
reiß des packl af
schau eini
legs af d seitn

nimmst nexte
reiß des packl af
legs af d seitn

nimms nexte
legs af d seitn

nimms nexte …
nimms nexte …

so
etza hamma
den haling omd
aa wieda hinta uns brocht

Rund um die Krippe

M. Herbert

Die Heimsuchung des
Pater Conradus

Die Franziskanerkirche war das einzige Gotteshaus der guten,
altbayerischen Stadt, welches im strengen Winter geheizt war.
Damit hatten die Franziskaner allen anderen Kirchen den Rang
abgelaufen.
Die Heizung befand sich unter den Fliesen des Fußbodens.
Aus einem mächtigen, runden, mit einem vergoldeten Eisengitter
umgebenen Trichter, der sich just vor dem Aufgang zum Hochaltar befand, stiegen die warmen Luftwellen, der menschenerhal-
tende Atem des Feuers. Da wurde das weite Schiff mit wohliger
Wärme erfüllt. Um das Gitter der Heizung lagerten winterlang,
von früh bis in das Abenddunkel hinein frierende Bettler, Greise
und Greisinnen, Arbeitslose und Obdachlose; vor allem schlecht
bekleidete arme Kinder. Sie breiteten die blau gefrorenen Hände
über den hitzeausströmenden Trichter, um ihr erstarrtes Blut zu
beleben.
Pater Conradus, der Berater des Priors in künstlerischen
Dingen, hatte das kommen sehen. Unter seiner Leitung war die
Kirche restauriert worden. Frischer Glanz war nun in dem alten,
säulenhohen Tempel der heiligen franziskanischen Armut. Die
bunten Fresken aus dem Leben des seraphischen Weltenbettlers
von Assisi strahlten in neuem Farbenzauber. Die Bilder auf den
Altären waren frisch gefaßt, wobei das Gold nicht gespart wurde.
Ebenso die große, ernste, ergreifende Kreuzigungsgruppe an ei-
ner der mächtigen Säulen des Mittelschiffes: hoch und erhaben

75

baute sich die Darstellung des Heilandstodes auf, alles überschauend, alles segnend.

Pater Conradus fürchtete von der Heizung für die Neuheit der Kirche. Er war ganz entschieden gegen die Anlage gewesen. „Man muß Gott zulieb ein wenig Kälte ertragen können", hatte er mißbilligend gesagt. „Was wußte wohl der heilige Franziskus von solcher Verwöhnung?"

Aber der Pater Prior hatte der Bemerkung des Paters Conradus keine besondere Beachtung geschenkt, sondern nur so beiläufig bemerkt, daß der heilige Vater Franz im Sonnenlande Italien gelebt habe. Der Pater Prior war den modernen Errungenschaften zugetan. Die Kirche hatte unter seiner Leitung elektrisches Licht, elektrische Schellen und eine tadellos funktionierende Ventilation erhalten und nun gar Luftheizung.

„Eine Kirche ist keine Wärmstube!" knurrte Pater Conradus und blickte vorwurfsvoll auf die zerlumpten Gestalten vor dem Hochaltar, die so schlecht hereinpaßten.

Er war fast immer an der Westseite der Kirche beschäftigt und konnte von dort das Aus- und Eingehen des wärmesuchenden Volkes beobachten. Er arbeitete an den großen Figurendarstellungen, welche dort unter Glas und Riegel die ganze Breite des Raumes unter der Orgelempore einnahmen und einen Hauptanziehungspunkt für die fromme Schaulust des Volkes bildeten. Pater Conradus war ein Theologe und zugleich ein Künstler. Das Kloster besaß eine herrliche Figurensammlung aus dem Anfang des achtzehnten Jahrhunderts, aus der Zeit der übertriebenen und doch so ausdrucksvollen Geste, der verzückten Heiligen und mystisch verklärten Nonnen, der schwebenden Engel, der flatternden Gewänder und der leuchtendsten Farbe.

Es war das höfische Jahrhundert des Barock und Rokoko. Aus dieser frohen, glanzliebenden, zierlichen Zeit stammten diese Unmengen von herrlich geschnitzten, brokat- und spitzenbekleideten mittelgroßen Gestalten, die nach den Erzählungen der Evangelien gearbeitet waren und als teuerster Schatz des Klosters in einem großen Saale verwahrt wurden. Es war da eine Krippe voll Holdseligkeit, mit allem Zubehör, von den Hirten auf dem Felde bis zum Öchslein und Eselein, von dem heiligen Paare bis zu den Mohren und Trabanten, welche hinter den Elefanten und Dromedaren der heiligen drei Könige gingen.

Es war da eine Hochzeit von Kana mit großer Prachtentfaltung; es waren da die klugen und die törichten Jungfrauen mit ihren Lampen; auch eine Auferweckung von Jairus Töchterlein und eine des Lazarus.

In der Sammlung fand sich auch eine Ölberggruppe von ergreifender Majestät, eine Geißelung, eine Dornenkrönung, ja die ganze Passion unseres Herrn bis zur glorreichen Auferstehung, bis zum Gang nach Emmaus und der Himmelfahrt.

Das alles wurde im Laufe des Kirchenjahres zur Aufstellung gebracht: eine plastische Bilderbibel. Pater Conradus war Regisseur und Verwalter dieses heiligen Theaters und stets bestrebt, zu vervollkommnen, Schadhaftes zu ersetzen, Neues zu erwerben, die Szenerien angemessener und prächtiger zu gestalten. Er wurde dabei ein Architekt, ein Landschaftsgärtner und setzte daran seine ganze Kraft.

Die Darstellungen verschafften dem Kloster einen Ruf in der christlichen Kunstwelt. Pater Conradus bereiste im Auftrage seiner Oberen ganz Italien, er blieb lange in Neapel, der Heimat der Krippen, sah sich die Sammlungen in Paris und München an. Sein Schaffen wurde von Kennern beachtet. Von weit her kamen Kulturhistoriker und Hagiographen, diese heiligen Merkwürdigkeiten zu studieren und sie in Artikeln für Kunstzeitschriften zu schildern.

Pater Conradus war über dem vielen Schönen und Herrlichen, das er auf Reisen und im Verkehr mit diesen Herren kennen lernte, ein Schönheitsdurstiger und ein Schönheitsbedürftiger geworden. Ihm gefielen nur noch die vollendeten Dinge in der Kunst, und da er alles mit Feuereifer betrieb, hatte der Pater Prior seine liebe Not mit ihm. Pater Conradus wollte sogar die meisten alten Statuen und Bilder aus der Kirche werfen. Höchstens der heilige Johannes von Till Riemenschneider auf einem Nebenaltar, die lieblichen Tafeln von Michael Wolgemuth und die Epitaphien von Herring fanden noch Gnade vor seinen Augen.

Der Prior aber war ein ruhiger Herr, der Feuer zu Kohle werden ließ. Er lächelte über den Eifer des Paters und ließ das meiste unverändert, wenn es nur des Gegenstandes würdig schien. Es war aber schwer, Pater Conradus davon zu überzeugen, daß auch die Denkmäler ehrwürdiger Volkskunst, wie der stille in sich versunkene Geiselmann mit dem roten Spottmantel und das kleine uralte Wachsjesulein unter dem Glassturz ihre althergebrachten Rechte hätten. Kunst wollte er sehen, unzweifelhafte Kunst. Aber es schien, als wurde sein Herz dadurch unduldsam, sein Sinn hochfahrend, seine Rede absprechend, sein Blick wegwerfend und kalt.

Weihnachten stand vor der Türe, allmorgendlich sang man: Tauet Himmel, den Gerechten! Da begann Pater Conradus mit dem Bauen der neuhergerichteten großen Krippe. Er hatte sein Inventar in den ersten Münchener Geschäften vervollkommnet, erste Maler hatten die Gesichter der heiligen Personen gemalt. Eine wundervolle Landschaft mit antiken Tempeln, mit Wäldern, Felsen und Flüssen umgab die Stadt Bethlehem. Zum ersten Male sollten die neuen Beleuchtungen angewandt werden.

Pater Conradus ging ganz in seinem Werke auf, aber er tat alles mehr aus Kunstliebe als aus Heilandsliebe. Jenen Geist, der den Bruder der Sonne und der Lerchen, den heiligen Franz beseelte als er im Walde von Grecio in der Weihnachtsnacht ein armes Kripplein baute und das Jesulein herzte und wiegte, war nicht in dem klug und kalt gewordenen Sohn einer neuen nüchternen Zeit. Ja, es mochte sein, daß der Wurm der Vergänglichkeit an seiner Seele fraß und ihn verleitete, die Form über den lebendigen Inhalt zu setzen.

Um jene Weihnachtszeit geschah es, daß die Fürstin Maria Eleonora sich im Kloster ansagen ließ. Sie wollte die berühmte Figurensammlung, besonders die Krippe des Pater Conradus besichtigen, weil man sie ihr gerühmt hatte. Nun gehörte der Pater zu den nicht seltenen Menschen, auf die ein großer Namen einen mächtigen Eindruck macht. Er geriet über die Absicht der fürstlichen Frau in eine fröhliche Aufregung und schaffte Tag und Nacht an seiner Krippe, damit alles recht schön, glanzvoll und vollkommen war, wenn die Augen der vornehmen Dame darauf ruhen würden.

Es war an dem Nachmittage, kurz vor der Ankunft des fürstlichen Gastes. Ein schneidend kalter Dezembertag hatte die Welt in seine eisige Umarmung genommen. Der Wind fuhr mit Gezisch und mit wolfsartigem Geheul durch die Torbogen, die Lauben und Ecken der alten Stadt; er suchte die Armen in ihren ungeheizten Zimmern auf, als verlange er von ihnen die letzte Lebenswärme. In der Franziskanerkirche war es wohlig warm, als sei es Sommer. Das Licht kam golden durch die bunten Glasfenster und auf allen Altären blühten in üppiger Form weiße Chrysanthemen; die Steine waren blitzblank gefegt, kein Stäubchen hing auf Bänken und Altären. Festlicher Glanz kam von Leuchtern und stillen Ampeln.

Pater Conradus hatte diesen feierlichen Schmuck angeordnet und bewacht. Er schritt noch einmal die Kirche ab, ob auch alles zum Empfang des durchlauchtigen Gastes stilvoll vorbereitet sei. Um das Gitter der Heizung vor dem Hochaltare hockte wie gewöhnlich ein Häuflein armer Leute in grauer, verschossener, unansehnlicher Gewandung. Da war die lahme G'schwandtner-Lies, ein uraltes Weiberl. Sie zog den fadenscheinigen, viele Generationen alten, türkischen Schal eng um die dünnen Schultern. Da eine arme Frau in einem böhmischen Kopftuch, die einen Säugling in einem schmutzigen Bettkissen mit sich trug, und einen zerlumpten Knaben an der Hand hielt. Da lauerten auch der abgehauste Einödsepp, der blöde Bauer und was dergleichen Verwahrloste mehr waren. Ihre farblosen, abgerissenen Fetzen paßten nicht da herein, wo alles gleißte und glaste. Sie verunstalteten das schöne Gotteshaus. Wenigstens empfand Pater Conradus ihren Anblick als eine widerwärtige Störung.

Ihn packten Zorn und Ungeduld. Im Dialekt seiner Jugend, in der Sprache des Volkes fuhr er die Leute an:

„Machts augenblicklich, daß ihr weiter kimmt! Kirchen is koa Wärmstuben! Kirchen is fei für fromme Beter baut, nöt für solchene Loder! Seids ausverschamt, da an dem goldenen Gitter zu hocken!"

Die Leute fuhren erschreckt zusammen.

Herrisch, hochfahrend und zornig stand der Mönch und wies mit der ausgestreckten Hand nach dem Ausgang der Kirche: Die Armen flohen eilig humpelnd durch den hallenden Gang der Türe zu.

Nur ein alter, hagerer Mann, den der Pater vorher nicht bemerkte, floh nicht, sondern stand Rede. Er blickte dem Zornigen fest in die Augen mit hellem und durchdringendem Blick. Trotz seiner elenden Kleidung hatte der Greis etwas, das ihn aus der Menge hob.

„Hätts nöt denkt, daß du ein Sohn des heiligen Franz bist!" sagte er ganz laut und deutlich zu Pater Conradus. „Hätts wirklich nöt denkt. Der heilige Franz, wenn dich sehen tät – stieß dich aus der Kirchen, nöt uns!"

Damit wandte er sich zum Gehen.

„Unverschämt!" brauste es in Pater Conradus auf. Aber er würgte das Wort hinunter. Es fiel ihm ein, daß man vor dem Tabernakel nicht in Zorn ausbrechen soll. Flüchtig schlug er an die Brust.

Er war auch schon wieder ganz höflich, gewandt und freundlich, als die Fürstin mit ihrem Kavalier und den Hofdamen erschien. Geschmeidig und vollendet liebenswürdig, machte Pater Conradus den Cicerone für die erlauchte Gesellschaft. Er zeigte die ganze Prälatenfeinheit der alten Schule bei dieser Gelegenheit. Die Fürstin war entzückt von ihm und seinem Werk.

„Sie sind ein Gelehrter, ein Künstler und ein Hofmann, Hochwürden", meinte sie. „Wirklich eine ganz seltene, exquisite Mischung!"

Die feine Schmeichelei tat ihm wohl. Seine Talente, seine Persönlichkeit so anerkannt zu sehen aus so maßgebendem Munde – das war doch etwas! Es war, als ob das Lob ihn höbe und trage, er schwamm darauf wie auf einer wohligen, warmen Flut. Pater Conradus war an dem Reste dieses Nachmittags besonders glücklich und zufrieden.

Aber – als der kalte nüchterne Abend kam und die Erregung seiner Nerven zurückebbte, verlor das fürstliche Lob nach und nach seine Tragfähigkeit. Ein anderes Gefühl gewann in dem Klostermann die Oberhand, so eine Art profanen Katzenjammers, wie der die Weltleute nach einem Gelage überkommt. Trauer, Ermüdung, Unzufriedenheit schlichen in seine Seele und umwoben sie mit grauem Spinngeweb …

Aber war denn nicht die Krippendarstellung eine vollkommene Kunstleistung, für die das fürstliche Lob nur eine schwache, ungenügende Belohnung war? Er hätte doch innerlich befriedigt sein dürfen! Oder nicht? Etwas in ihm war nicht im Lot. Sein Herz schlug unruhig wie das eines Menschen, der etwas falsch gemacht hat, grundfalsch.

Als Pater Conradus nun in seiner nackten franziskanischen Zelle auf dem harten Lager eines Büßers ruhte, wollte der Schlaf ihn nicht trösten. Durch die vollkommene Geräuschlosigkeit des Klosterfriedens vernahm das innere Ohr des Mönches eine empörte Stimme, die sprach: „Hätt's nöt denkt, daß du ein Sohn des heiligen Franz bist. Hab mir einen Franziskaner ganz anders vorgestellt!" Wahrheit ist in der Stimme gewesen, göttliche Wahrheit, die von den Toten erweckt. Je tiefer die Nacht wird, je mehr der Pater zu sich selber kommt, um so unerbittlicher klingt die Stimme, sie erholt sich, bis sie laut und unerträglich wird wie Posaunenschall des Gerichts. Da sieht Pater Conradus, nein, da muß er immer wieder die arme Mutter mit den elenden Kindern sehen, die er aus dem Heiligtum gejagt hat, damit die Augen der Frau Fürstin sich nicht daran stießen. Und er weiß plötzlich, daß der heilige Franz ihm das als Missetat angerechnet hätte, als Todsünde – er, der arm mit den Armen war und sein Herz zur Heimat machte für alle Kreatur.

In jener Adventsnacht kommt die Heimsuchung Gottes über Pater Conradus. Er wird mit strenger Stimme gefragt: Wer bist du? Gib die Parole! Ist es die Liebe Gottes, die franziskanische Liebe, in der du stehst? Oder bist du hinweg gewandert, weit hinweg von den Wegen, welche du einst in der Begeisterung deiner Jugend dir erwählt hast?

Da steht seine blinkende, hohle Eitelkeit wider Pater Conradus auf und klagt ihn an. Mea culpa! muß er sagen. Ein tönendes Erz, eine klingende Schelle ist er gewesen, denn er hatte die Liebe nicht. Kann Kunst ohne Liebe sein? Nie und nimmer! Die Seele aller wahren Lebenskunst ist Liebe, Liebe allein!

So war dem Pater Conradus eine Stunde innerlicher Verdemütigung und Erkenntnis gegeben – eine Stunde, aus der er als ein gerechterer, mildtätigerer und stillerer Mann hervorging, einer, der die Frierenden nicht mehr scheuchte und den Hungernden sein eigenes Brot brach.

Hans Carossa

Die Krippe

Warum haben wir Freude an dem Knaben, der eigenwillig Werk auf Werk unternimmt, bald ein Haus, bald ein Schiff, bald eine Brücke baut, aber dem Fertigen keine Treue hält, sondern es gleich wieder zerschlägt und Neues unternimmt? Wir freuen uns, weil wir den treuen Sinn dieser Untreue ahnen. Wir glauben an den immer werdenden, immer sich erbauenden, immer erscheinenden Geist. Er schlüpft in manches Gespinst und belebt es nach seiner eigenen Figur, um unbeirrt eine Strecke zu wachsen. Ist dies geschehen, ist der neue Stand erreicht, so zieht er sich aus dem Sinnbilde seiner letzten Entwicklung zurück, zerstört es wohl auch und verwandelt sich in das nächste.

Das Krippchen wuchs langsam. Ein breites Fenstergesims war mir überlassen; aber eine Woche verging, und immer lagen dort erst ein paar Hölzer und Stäbe, etwas Moos und jenes flimmernde Granitstück, das ich im Glauben an seinen unermeßlichen Wert beim Umzug aus Königsdorf mitgenommen hatte.

Nach langem Brüten fiel mir ein, daß vor allem Himmel und Gebirg entstehen müßten. In einem Schrein der Mutter befanden sich große Bogen feinen Papiers von einem durchscheinend lichten und fernen Blau, damit schlug ich den oberen Teil des Fensters aus und schuf eine heilige Düsternis, welche tief unten durch blaugraues Pappegebirg zu hintergründiger Nacht verdichtet wurde. Körperhafter waren die Vorberge: verhärtete Baumschwämme, auf denen schon Häuschen und Bäumchen angebracht werden konnten. Mitten unter den Schwämmen stand der Granit; in diesem sah ich Schwerpunkt und magnetisches Geheimnis der Landschaft, was ich aber niemand verriet. Schmaler Wald aus kleinen Föhrenzweigen bedeutete den Übergang vom Höhenlande zur Ebene. Um einen würdigen Boden zu bereiten, löste ich vom feuchten Holze, das die Magd zum Ofen schleppte, die Rinden ab, machte sie flach und legte sie nebeneinander; man-

che waren mit lockigen oder geweihig verzweigten Moosen geschmückt, manche mit feinem Pilz wie mit Grünspan angelaufen.

Roh gefügt standen auch Stall und Krippchen bald im Vorder-
grunde; nun aber stockte die Ausführung, es fehlte viel, was nicht
so leicht zu beschaffen war. Und nun begann ich mit behaglicher
Wut, elsternhaft alles heimzusammeln, was ungefähr nach meinen
Zwecken aussah: Scherben, Kiesel und bunte Stoffe; ja, ein Bau-
ernjunge, der in der Schule vor mir saß, mußte sichs gefallen
lassen, daß ich seiner dicken, schwarz und rot gestreiften Winter-
joppe entzupfte, was an farbiger Wolle nur herauszubringen war.
Da er sich verwundert umdrehte, flüsterte ich ihm zu, daß das
Tröglein des Christkinds damit ausgepolstert werden solle;
gutmütig ließ er sich weiterzausen, ja brachte mir am nächsten
Tag einen bläulichen Häherfittich, damit, meinte er, sollte ich die
heiligen Könige aufputzen. Woher ich Könige, woher überhaupt
Figuren nehmen sollte, wußte ich nicht, vertraute aber, daß sie zur
rechten Zeit schon kommen würden. Abbildungen auszuschnei-
den und an Brettchen geklebt aufzustellen, hatte die Köchin geraten und mich damit sehr beleidigt. Denn nach leibhaftigen Gestalten verlangte mich, nicht nach bemalten papierenen, die mich in
Verlegenheit brachten, wenn jemand sie von der Seite oder von
hinten betrachten wollte. Von nun an wurde ich mißtrauisch
gegen fremde Hilfe, und wenn mir jemand seinen Rat aufdrängen
wollte, zog ich einfach die großen gelben Fenstervorhänge hinter
mir zusammen und machte Werk und Werker unsichtbar.

Sobald aber der Geist auf ein Ziel gerichtet ist, kommt ihm
vieles entgegen; ferne Gedanken und Sachen entlaufen ihren Ge-
fügen und eilen ihm zu. Plötzlich fielen mir die Pflanzen ein, die
namenlos in der Gartenecke standen; ich lief hinab und sah, daß
sie noch grünten; hatte ich ihnen doch gleich etwas Winter-Über-
dauerndes abgewittert. Die Schäfte waren stärker, die Blätter ge-
streckter, die Kerben zu augenartigen Wülstchen geworden, die
Palmenform unverkennbar. Es hielt nicht leicht, sie samt ihren
Wurzelstöcken aus dem gefrorenen Boden zu graben, aber wie
heilig fremd machten sie mir dafür meine Landschaft!

Am andern Morgen kam jener verunglückte Bauer, um dem
Vater die Rechnung zu bezahlen, zeigte den gesundeten Arm, rief
mich herbei und stellte ein Leiterwägelchen mit Plachendach auf
den Tisch, dazu die schönsten holzgeschnitzten Schäfchen, Pferd-

chen und andere Tiere. „Es ist für die heilsame Haut", lachte er und klopfte mir die Schulter; ich aber nahm die ganze mit eigenem Fleisch und Blut erkaufte Pracht und stellte sie guten Gewissens im Krippchen auf.

In einer Legende war vorgekommen, daß bei der Geburt Jesu der böse Feind aus Wut und Schrecken über das nahe Ende seiner Herrschaft sich winselnd und heulend in den hintersten Höllenwinkel verkrochen habe. Dies war bildhaft einleuchtend. Ich besaß einen hölzernen Kasperl; nichts war leichter, als einen Teufel aus ihm zu machen, und dabei kam Freundin Fledermaus, die nun schon so lange nutzlos im Spiritus schwamm, zu hohen Ehren. Stracks wurden ihr die Flügel abgeschnitten, die guttaperchadünnen Flughäute soweit wie möglich ausgespannt und an Satans rotes, aus Zaubermantelsresten zusammengeflicktes Kleid genäht, das übrige Tier aber, das jetzt nur noch eine gemeine Maus war, verbrannt. Unter dem Fensterbrett war zum Auffangen des Regenwassers ein Blechkästlein in die Mauer eingelassen, das man an einem Porzellanknopf herausziehen konnte, wodurch ein unheimlicher dunkler Schacht entstand. Hierher wurde der Erzfeind verwiesen; hier krümmte er sich vom Glanz des Heils zur Finsternis hinweg und grinste mit geröteten Augen und spitzer Scharlachzunge nach oben.

So lebte denn der Böse; die Guten aber und das göttliche Kind, wo war ein Stoff zu diesen? Daß die lieblichen und ernsten Gesichtchen in der Kirche aus Wachs bestanden, wußte ich und ließ mir von der Mutter das reine Bienenwachs, das Geschenk der Nachbarkinder, aushändigen; es schien mir für Jesuskind, Maria, Joseph und die Könige gerade hinzureichen. Eines Tages wagte ichs und versuchte das Antlitz Marias zu formen, das mir unsagbar heilig vorschwebte. Nun aber brachen schreckliche Stunden herein. Zwar war ich nicht ungeschickter, als ein Neunjähriger sein darf, und was unter meinen Fingern wurde, gemahnte wohl ungefähr an menschliches Gesicht; von der Holdseligkeit jedoch, die mich an den Vorbildern entzückt und erbaut hatte, gewannen meine Geschöpfe keinen Hauch. Zuerst bemerkte ich mit Kummer, daß das Wachs nicht lange sein zartes Weiß behielt, sondern mehr und mehr zu bleichem Grau verkam. Was mich aber wie Gegenwirkung einer feindlichen Gewalt entsetzte, das waren die niederträchtig häßlichen Gesichtszüge, mit welchen meine Püppchen mich anschielten, ich mochte mich stellen, wie ich wollte. Je mehr ich eiferte, ihnen ein frommes, anmutiges Wesen zu verleihen, desto mehr entarteten sie mir unter der Hand zu Hexen und Galgenvögeln. Auf einmal warf ich die sämtlichen begonnenen Köpfe zu Boden und hub ein solches Toben und Weinen an, daß erschrocken die Mutter hereinlief. Sie sah, daß mir Blut von der Schläfe herabrann, und fragte, was das bedeute. Nun merkte ich selber erst, daß ich mich in meiner Wut mit den Nägeln aufgekratzt hatte. Ich antwortete nicht, stand auf und überließ mich aufs neue meinen Tränen. Sie fragte nicht weiter. Die mißgeformten Larven, die sie herumliegen sah, gaben der Kundigen Auskunft genug. Sie nahm einige der unseligen kleinen Häupter zur Hand, betrachtete sie lächelnd, legte sie wieder fort und wusch mir das Blut vom Gesicht. Hierauf fragte sie, wie ich mit meinen Schulaufgaben stände. Als sie merkte, daß ich an diese trotz der späten Stunde noch gar nicht gedacht hatte, rief sie mir zu: „Es ist eine heilige Zeit! Sei fleißig in der Woche, so wirst du am Sonntag Freude haben!" und verließ das Zimmer.

Wie eine Verheißung hatte das geklungen; ich fühlte jäh die innigste Gewissheit, daß etwas für mich geschehen werde, und wandte mich getröstet meinen Büchern zu, spielte von nun ab auch wieder öfter auf der Straße und begnügte mich, meine Landschaft noch mit manchem auszustatten.

Aber die Woche war lang, und in der Nacht vor Mittwoch sah ich im Traum den Onkel Georg durch meine Schlafkammer gehen. Er hatte den Zaubermantel an, aus dem aber große Stücke herausgeschnitten waren. In der Hand hielt er eine der Porzellanschalen, worin mein Vater Salben zu reiben pflegte, kam damit auf mich zu und sagte: „Bist du da, Figurenmeister?", nahm sodann zwei, drei Klümpchen eines rötlichweißen Gemenges aus der Schale, gab sie mir und befahl mir, ein schönes Kind daraus zu machen, worauf er sich durch die Türe hinausbegab. Ich drückte und knetete ein Weilchen an dem Zeug herum und hatte plötzlich ein wunderhübsches Männchen in der Hand. Im selben Augenblick erwachend, sah ich, daß im Ofen bereits Feuer brannte, sprang mit einem Satz aus dem Bett, nahm den Rest von Wachs, der auf dem Gesimse lag, und kauerte mich in den Feuerglanz, voll Glauben, daß mir als Wachendem gelingen müsse, was ich eben im Schlaf so vortrefflich gekonnt hatte. Noch spürte ich die formenden Bewegungen des Traumes in den Fingerspitzen, aus dem Ofen drang starke Wärme, die den Stoff erweichen half, und was in wenigen Minuten zustande kam, war gerade kein schönes, aber doch ein deutliches und angenehmes Gesichtchen; ich brauchte nur den Kopf mit etwas brauner Wolle zu umgeben, Augen, Lippen und Nasenlöcher anzuzeichnen und die Wangen mit zwei Tröpfchen roten Weins zu färben, so konnte es für einen jugendlichen Hirten wohl hingehen.

Ich weckte Vater und Mutter und holte am Nachmittag auch Eva herbei, um ihr den ersten selbsterschaffenen Menschen zu zeigen, den ich als den meinen anerkannte. Sie fand ihn nicht übel; nur Kleid und Hut schienen ihr zu mißfallen, sie ordnete lange daran herum, nahm dann Faden und Nadel und hatte bald alles mit solchem Geschick zusammengelegt und geheftet, daß ich nicht anders konnte als es loben. So war mein Vorsatz, alles allein zu tun lieblich durchbrochen, und künftig sträubte ich mich immer weniger, Hilfe von anderen anzunehmen.

Albert von Schirnding

Weihnachten in Regensburg

Vom Kohlenmarkt verschwanden die Sklaven
Christ ist erschienen Knaben singen die Melodie
Lebensgroße Hirten beugen das Knie
Der Esel ist echt samt Ziegen und Schafen

Im Stroh steht ein lebendiges Kamel
Aus Afrika trug es den königlichen Mohren
Vom Donauwind sind die Steine gefroren
Es ist ein Stoiker wie Marc Aurel

Das Buch des Kaisers liegt auf meinem Kissen
Mitternacht die heilige ist lang vorüber
Wer die Türken besiegt will ich nicht wissen
Karl der Fünfte logiert gegenüber

Toni Lauerer

Apfent

Gedanken eines Kindes über die Krippe im Wohnzimmer

Der Apfent ist die schönste Zeit vom Winter.

Die meisten Leute haben im Winter eine Grippe. Die ist mit Fieber. Wir haben auch eine, aber die ist mit Beleuchtung und man schreibt sie mit K.

Drei Wochen bevor das Christkindl kommt, stellt Papa die Krippe im Wohnzimmer auf und meine kleine Schwester und ich dürfen mithelfen. Viele Krippen sind langweilig, aber die unsere nicht, weil wir haben mords tolle Figuren darin. Ich habe einmal den Josef und das Christkindl auf den Ofen gestellt, damit sie es schön warm haben und es war ihnen zu heiß. Das Christkindl ist schwarz geworden und den Josef hat es auf lauter Trümmer zerrissen. Ein Fuß von ihm ist bis in den Plätzlteig geflogen und es war kein schöner Anblick. Meine Mama hat mich geschimpft und gesagt, daß nicht einmal die Heiligen vor meiner Blödheit sicher sind.

Wenn Maria ohne Mann und ohne Kind herumsteht, schaut es nicht gut aus. Aber ich habe Gottseidank viele Figuren in meiner Spielkiste und der Josef ist jetzt Donald Duck. Als Christkindl wollte ich den Asterix nehmen, weil der ist als einziger so klein, daß er in den Futtertrog gepaßt hätte. Da hat meine Mama gesagt, man kann doch als Christkindl keinen Asterix hernehmen, da ist ja das verbrannte Christkindl noch besser. Es ist zwar schwarz, aber immerhin ein Christkindl.

Hinter dem Christkindl stehen zwei Ochsen, ein Esel, ein Nilpferd und ein Brontosaurier. Das Nilpferd und den Saurier habe ich hineingestellt, weil der Ochs und der Esel waren mir allein zu langweilig.

Links neben dem Stall kommen gerade die heiligen drei Könige daher. Ein König ist dem Papa im letzten Apfent beim Putzen heruntergefallen und war dodal hin. Jetzt haben wir nur mehr zwei heilige Könige und einen heiligen Batman als Ersatz.

Normal haben die heiligen drei Könige einen Haufen Zeug für das Christkindl dabei, nämlich Gold, Weihrauch und Pürree oder so ähnlich. Von den unseren hat einer anstatt Gold ein Kaugummipapierl dabei, das glänzt auch schön. Der andere hat eine Marlboro in der Hand, weil wir keinen Weihrauch haben. Aber die Marlboro raucht auch schön, wenn man sie anzündet.

Der heilige Batman hat eine Pistole dabei. Das ist zwar kein Geschenk für das Christkindl, aber damit kann er es vor dem Saurier beschützen.

Hinter den drei Heiligen sind ein paar rothäutige Indianer und ein kaasiger Engel. Dem Engel ist ein Fuß abgebrochen, darum haben wir ihn auf ein Motorrad gesetzt, damit er sich leichter tut. Mit dem Motorrad kann er fahren, wenn er nicht gerade fliegt.

Rechts neben den Stall haben wir ein Rotkäppchen hingestellt. Sie hat eine Pizza und drei Weizen für die Oma dabei und reißt gerade einen Marone ab. Einen Wolf haben wir nicht, darum lurt hinter dem Baum ein Bummel als Ersatz-Wolf hervor.

Mehr steht in unserer Krippe nicht, aber das reicht voll. Am Abend schalten wir die Lampe an und dann ist unsere Krippe erst so richtig schön. Wir sitzen so herum und singen Lieder vom Apfent. Manche gefallen mir, aber die meisten sind mir zu lusert. Mein Opa hat mir ein Gedicht vom Apfent gelernt und es geht so: „Apfent, Apfent, der Bärwurz brennt. Erst trinkst oan, dann zwoa drei vier, dann hautsde mit dein Hirn an d'Tür!" Obwohl dieses Gedicht recht schön ist, hat Mama gesagt, daß ich es mir nicht merken darf.

Im Apfent wird auch gebastelt. Wir haben eine große Schüssel voll Nüsse und eine kleine voll Goldstaub. Darin wälzeln wir die Nüsse, bis sie golden sind und das Christkindl hängt sie später an den Christbaum. Man darf nicht fest schnaufen, weil der Goldstaub ist dodal leicht und er fliegt herum, wenn man hinschnauft.

Einmal habe ich vorher in den Goldstaub ein Niespulver hineingetan und wie mein Vater die erste Nuß darin gewälzelt hat, tat er einen Nieserer, daß es ihn gerissen hat und sein Gesicht war goldern und die Nuß nicht. Mama hat ihn geschimpft, weil er keine Beherrschung hat und sie hat gesagt, er stellt sich dümmer an als wie ein Kind. Meinem Vater war es recht zuwider und er hat nicht mehr mitgetan. Er hat gesagt, daß bei dem Goldstaub irgendetwas nicht stimmt und Mama hat gesagt, daß höchstens bei ihm etwas nicht stimmt. Ich habe mich sehr gefreut, weil es war insgesamt ein lustiger Apfentabend.

Kurz vor Weihnachten müssen wir unsere Wunschzettel schreiben. Meine Schwester wünscht sich meistens Puppen oder sonst ein Glump. Ich schreibe vorsichtshalber gleich mehr Sachen darauf und zum Schluß schreibe ich dem Christkindl, es soll einfach soviel kaufen, bis das Geld ausgeht. Meine Mama sagt, das ist eine Unverschämtheit und irgendwann bringt mir das Christkindl gar nichts mehr, weil ich nicht bescheiden bin. Aber bis jetzt habe ich immer etwas gekriegt. Und wenn ich groß bin und ein Geld verdiene, dann kaufe ich mir selber etwas und bin überhaupt nicht bescheiden. Dann kann sich das Christkindl von mir aus ärgern, weil dann ist es mir Wurscht.

Bis man schaut, ist der Apfent vorbei und Weihnachten auch und mit dem Jahr geht es dahin. Die Geschenke sind ausgepackt und man kriegt bis Ostern nichts mehr, höchstens, wenn man vorher Geburtstag hat.

Aber eins ist gwies: Der Apfent kommt immer wieder.

In der Mettennacht

Konrad Zoller

Weihnachten bei den Waldgeistern

Auf der Straße, die im Mondlicht weiß und besinnlich bergan strich, und mit einem Male im schwarzen Forste verschwand, schritt ein dunkler Wanderer rüstig aus. Der Takt seiner Schritte klang hart auf dem gefrorenen Boden, es hatte lange nicht geschneit, nur am Waldsaum und in den tieferen Furchen der kahlen Felder bogen sich bleiche Linien alter Schneewehen.

Vor der Waldlücke blieb der Wanderer stehen und schaute zurück. Er sah nichts als einen dichten Nebel, der ihm vom Tale herauf in stummer Eile nachkroch. Jetzt saugte sich die Nebelwolke mit einem feierlichen Summen voll. „O", sagte der Wanderer, „läuten sie schon zur Mette, ich muß mich sputen!" Er stieß seinen eisengespitzten Hakenstock auf die Straße und verschwand im Walde.

Eigentlich hatte der Wanderer – es war der Kaplan des Dorfes, in dem man soeben zur Mette läutete, – über seine morgige Weihnachtspredigt nachdenken wollen, aber was konnte er dafür, wenn ihm unter lauter Tannen und Fichten, im monddurchstreiften Dunkel und Weihnachtsodem des Waldes immer wieder die Christbäume seiner Kindheit aufglänzten? So gelangte er bald auf eine Waldwiese, durch deren lichten Nebel er hindurchschritt wie auf dem Grunde eines Sees. Doch übersah er nicht den Eichenstrunk, der rechts am Wegrand moderte. Bei Tage konnte man auf diesem Strunke drei Kreuzlein eingeschnitten sehen: hier war nämlich eine Freistatt der Waldmännlein und Waldfrauerln, hier konnte sie der Wilde Jäger nicht hetzen und zerreißen.

Der Kaplan holte aus einer Düte viele kleine Stücke Roggenbrot heraus und legte sie auf eine Granitfelsplatte. „Ihr lieben Waldgeister", sagte er, „sollt auch den Weihnachtstisch gedeckt finden. Freilich hättet ihr um mich Lebkuchen, Marzipan und süßes Kletzenbrot verdient. Aber ich weiß, mit solchen Leckereien darf man euch nicht bewirten, sonst geht ihr fort auf Nimmerwiedersehn. Das täte mir leid: wie oft habt ihr mich durch stern- und mondlose Finsternisse zurechtgewiesen, wenn ich zu einem Kranken mußte. Oder, wenn ich unverdanks auf eine Irrwurz trat, wie oft hat mir der Hoimann mit seinem Ruf aus Sumpf und Dickicht herausgeholfen. Noch recht oft möchte ich auf dieser Waldwiese unter euch rasten! Ihr armen Waldgeister, auch ihr seufzt mit aller Kreatur nach der Weihnacht einer neuen Erde. Das Christkind mög' euch heute trösten."

Keiner der Waldgeister ließ sich sehen. Nur ferne aus den Waldtiefen klagte ein Ruf: „Hoi, hoi". Der Kaplan wanderte seines Weges und hatte bald den Wald hinter sich. Auch im dicken Nebel fand er leicht seinen Wiesenpfad und den Steg über den Bach. Dann klomm er die Höhe zu seinem Filialdorfe hinan. Dort droben sang ein Glöcklein wie ein Engel, der dem himmelwärts entschwundenen Chor seiner Brüder nachschwebt: „Ehre sei Gott in der Höhe und Friede den Menschen, die eines guten Willens sind ..."

Das heilige Amt der Mette war aus. Der Kaplan klopfte noch an ein paar dunkle Hütten am Dorfende und trat dann in die helle Stube des Mesners, um sich am gutmütigen Riesenbuckel des grünen Kachelofens ein wenig auszuwärmen. Alsbald machte er sich auf den Heimweg.

Eine klarkalte Mondnacht umfaßte ihn. Der Nebel war weg. Rauhreif hatte den Wald bis ins letzte Zweiglein mit feinsten Silbersternen überhaucht. Durch den ganzen Wald war die Musik eines zierlichen Klingelns, sehr leise. Allmählich verwob sich die Musik zur wundersamen Melodie eines Wiegenliedes. Mit einem Male fühlte sich der Wanderer sanft von ihr empor getragen und schwebte über den glitzernden Wipfeln im Mondenglanz dahin, bis er auf einem vermoosten Aste der riesigen Buche am Rande der Waldwiese festsaß. Ein alter Uhu, der auf demselben Aste saß und mit runden Augen in die Tiefe starrte, rührte sich nicht bei seiner Ankunft. Ebenso wenig ein roter Eichkater, der ein Männlein machend, nur die Spitze seines aufgebogenen Schweifbuschens im Takte der Musik ein wenig hin- und herwippte. Das breite Geäst der Buche aber, bis hinunter, war mit einer Wolke niedlicher Blasengel bevölkert, die ihre goldenen Flügel lustig hin und her, auf und nieder zuckten. Jeder von ihnen hielt einen Tannenzweig als Geige im Arm, darüberhin führten sie andächtig blitzende Eisnadeln als Fiedelbögen.

Die Waldwiese aber war erfüllt von einem zarten grünen Leuchten, das von einem großen Smaragd auszugehen schien. Es leuchtete aber also eine runde Moosbreite um den alten Eichenstrunk mit den drei Kreuzen. Mitten auf dem grünglühenden Moose lag das Jesulein, arm und nackt. Auf dem Eichenstrunke saß die Muttergottes, betenden Angesichtes, in violettem Gewand und breitete ihren braunen Mantel um das Kind und um eine Schar zutraulich andrängender Waldgeister. Zahllos wie Ameisen trippelten die Waldmännlein und Waldfrauerln herzu in ihren Wämsen und Röcken aus Waldflechten und Baumbart. Hinterdrein trollte das Hoimannerl im gelben Höslein und grüner Jägerjoppe, den spitzen Federhut unterm Arm, und blies seinen Dudelsack sanft und dunkel ins helle Engelgeigen hinein. Jedes der Waldgeister legte eine rote Beere oder eine blaue Waldblume, ein zierliches Gras oder ein buntes Blatt vor dem Jesukind auf das Moos. Endlich waren alle versammelt. Da knieten sie nieder. Die Muttergottes erhob sich und nahm ihr Kindlein auf den Arm. Da hielten die Engel ihre Geigen und Flügel an. Und Maria sprach wie ein klarer Brunnen im Mai: „Ihr lieben Waldgeister, freuet euch, heute ist uns geboren Christus, der Heiland. Noch eine kleine Weile und wir feiern mitsammen Weihnacht der neuen Erde." Sie schwieg. Das Jesulein aber hob segnend die Hand.

Da schwenkten die Engel alle ihre Flügel, strampelten mit den Beinen und fuhren mit den Fiedelbögen rasend über die Geigen. Die jubilierten: Amen, Amen, Amen. Der Wald brauste und orgelte: Amen. Die Rauhreifsternlein sausten, klingelten, klirrten, glitzerten durcheinander: kling, klang, Amen. Die Waldgeister weinten und lachten vor Freude, umhalsten sich und tanzten um Maria und das Jesukind. Der Hoimann sprang wie ein Heuhupfer, warf das Hütlein in die Luft und schrie: hoi, hoi, juhu, hoihoi, juhu. Der Uhu schüttelte sich und seine Augen glühten. Der Eichkater sprang vom Buchenast wie ein Feuerfunke mitten unter die Waldgeister. Der Wanderer hinterdrein …

Wie er in jener Christnacht heimgekommen war, wußte der Kaplan nicht. Eine bleierne Müdigkeit zog ihm die Augenlider herab und in tiefem Schlafe sank er auf sein Lager. Das Weihnachtsave der großen Glocke läutete ihn früh heraus. Am hellen Festmorgen predigte er vom Seufzen aller Kreatur und von der Weihnacht einer neuen Erde. Als er von der Kanzel stieg, nickte ihm das Jesulein freundlich zu. Es hielt aber in seinen Händen einen Strauß roter Beeren, blauer Waldblumen, zierlicher Gräser und bunter Blätter.

Josef Pscheidl

Der bestrafte Mettenschwänzer

Von so manchem Heiligen des Himmels kann man lesen, daß er zu seinen Lebzeiten ein großer Tierfreund gewesen ist. So hat der heilige Franziskus zu seiner Weihnachtskrippe einen lebendigen Ochs und einen lebendigen Esel hingestellt, der heilige Antonius hat den Fischen gepredigt und dem heiligen Rochus hat ein Hund täglich das Brot in die Wüste gebracht. Auch unser Böhmerwaldheiliger, der Benediktiner Gunter, hat als Einsiedler in seiner Waldeinsamkeit mit den Tieren gut Nachbarschaft gehalten. Die Legende erzählt, daß ihm eine Hirschkuh täglich die notwendige Milch zugebracht hat und daß ihm die Waldtiere gar oft auf Schritt und Tritt nachgefolgt sind. Auch nach seinem Hinscheiden hat er die unterschiedlichen Tierlein des Waldes nicht vergessen. Jedes Jahr in der Heiligen Nacht fährt er mit einem Handschlitten durch die Wälder um den Sankt-Gunter-Berg und streut den hungrigen Tieren Futter, den Hasen und Rehen trockenes Heu, den Eichhörnchen Haselnüsse und den mannigfachen Vögeln Korn und Hafer.

Bei einer solchen Fütterung in der heiligen Christnacht ist er einmal auf einen gottschlechten Menschen gestoßen, der, statt wie es Christenpflicht gewesen wäre, in die Christmette zu gehen, den armen Tieren auflauerte, um sie niederzuschießen. Dort wo am Fuße des Gunterberges die Gemeindeflur an die Waldungen der Stadt Hartmanitz grenzt, steht ein uralter Baumriese, der Bildlbaum. Gute eineinhalb Meter hat er im Durchmesser und seinen Wipfel reckt er mindestens vierzig Meter in die Höhe. Ein ganz verwaschenes Bild mit Hinterglasmalerei hängt in Manneshöhe an dem Baum und eine primitive Sitzbank lädt den frommen Pilger zum Rasten ein. Was das Bild darstellt, kann man mit bestem Willen nicht mehr unterscheiden. Der Überlieferung nach soll es an jene Begebenheit erinnern, wie der Wildfrevler zur heiligen Weihnachtszeit seine verdiente Strafe erlangt hat.

Vor ungefähr hundertfünfzig bis zweihundert Jahren lebte im Brechelhaus der Ortschaft Kundratitz ein herabgekommener Haderlump. Er soll einmal Landsknecht gewesen sein und trieb allerhand lichtscheues Zeug. Den Bauern verschacherte er Kräuter gegen die Hexen, lauerte den Rehen und Hasen auf, besonders an Sonntagen, wenn der Waldheger beim Gottesdienst war. Und so war er auch einmal in der heiligen Mettennacht ausgegangen, aber nicht zur Christmette, sondern mit einem alten Hinterlader auf die Jagd, um sich auf die Feiertage einen Braten zu schießen. Wie er nun den dichten Hamischberg herunter stapft, bemerkt er einen Lichtschein zwischen den Bäumen, der immer näher kommt. Es war der heilige Gunter, der, von einem Engel begleitet, auf einem Handschlitten Futter für die hungernden Waldtiere brachte.

Der Wilddieb hatte davon schon öfter reden gehört, aber die Sache für Altweibergeschwätz gehalten. Voll Entsetzten kletterte er auf den ersten Baum, den er erreichen konnte, den heutigen Bildlbaum. Dort saß er angstvoll im Geäst und spähte auf das seltsame Schauspiel herunter. Wie nun der heilige Gunter zum Bildlbaum kam, machte er Halt, und sogleich kamen von allen Ecken und Enden die Hasen, Rehe, Fasane, Eichhörnchen und Haselhühner angetrippelt, ja, sogar einige Mäuslein huschten dem Zuge nach, um auch einige Körnlein zu erwischen. Der heilige Gunter verteilte alles, was er auf dem Schlitten hatte, und die Tiere wurden satt und leckten dem Heiligen die Hand.

Zuletzt kam noch ein steinalter Bär angehumpelt und schaute bittend auf den Heiligen. Ja, mein Lieber, sagte der heilige Gunter kopfschüttelnd, für dich habe ich nichts, Fleisch gibt's keines zum Verteilen. Ich selber hab' zu meinen Lebzeiten auf den Fleischgenuß verzichtet und so kann ich dir nicht helfen. Doch halt, gerade für dich ist etwas da, schau da auf den Baum hinauf, da oben hockt ein Messeschwänzer und Räubersgesell, den kannst du auffressen. Der heilige Gunter zog mit seinem Gefährt wieder weiter, nur der Bär blieb zurück. Er legte sich am Baume nieder und schaute unablässig zu dem Wildfrevler empor. Dem wurde schon angst und bange da oben, er begann alle Heiligen anzurufen, und fest nahm er sich vor, künftig jeden Sonn- und Feiertag in die Kirche zu gehen. Stunde um Stunde verrann und der Bär hockte immer noch am Fuße des Baumes. Erst als es im nahen

Harmannitzer Kirchlein zur Frühmesse läutete, verzog er sich brummend. Schnell rutschte der Wilddieb vom Baum herunter und strebte seiner Behausung zu. Aber statt nachher ins weihnachtliche Hochamt zu gehen, legte er sich ins Bett und verschlief den Gottesdienst.

Auch am drauffolgenden Stefanitag ging er in keine Kirche und am nächsten Sonntag nahm er wieder seine Büchse zur Hand und steuerte dem Walde zu. Wie er aber an einem dichten Haselbusch vorüberschlich, streckte auf einmal der Bär seine Pranke hervor, faßte den Wilderer am Kragen, zog ihn ins Gebüsch und ließ von ihm nichts mehr übrig als die beiden Füße, die in Lederstiefeln steckten.

Kirchgeher von Stepanitz fanden die traurigen Überreste des Wilderers.

Derselbe mußte doch von seinem Erlebnis in der Christnacht zu Hause seinem Weibe etwas gesagt haben, denn diese opferte später das Glasbild, das noch in meiner Jugendzeit am Baume hing.

Joseph Schlicht

Der Johanniswein

Sankt Johannes, obschon bereits ein Werkeltag, füllt nochmals die bayerische Dorfkirche mit Andächtigen. Sonderbar! und am Johannestage getrauen sich selbst die Kirchenscheuen, die sonst Jahre ein und aus wie angenagelt im Portale stehen, bis zum Speisegitter heran. An diesem Tage kredenzt nämlich der bayerische Pfarrherr allen seinen Pfarrkindern, Böcklein wie Schäflein, mit eigener Hand den Johanniswein. Dazu kommt selbst das räudigste Schaf, das sonst dem Hirten auf eine Meile weit aus dem Wege geht. Gezogen von der Weinblume faßt er sich einen Mut und spricht: „Wart, jetz geh i extra a mit hi, ob mi da Pfarrer nöt übageht?" Und siehe, der Pfarrer kredenzt ihm einen schönen Schluck. Triumphierenden Blicks schreitet er nun die Kirche zurück und lobt und preist hernach: „Schau, er hat mi halt do nöt übaganga! A brava Mo is unsa Pfarra, dös sag i!"

Wenn aber der knausernde Kirchenpfleger den sauersten Kruckenberger zur Weihe liefert, dann verzieht der Bayer ohneweiters auch vor dem kredenzenden Pfarrherrn den Mund, schüttelt mißmutig den Kopf und läßt spöttisch den schlechten Johannessegen links und rechts über's Maul zu Boden rinnen. Schmeckt ihm dagegen der Johanniswein, so schnappt er dem weggehenden Pfarrer wie ein Fisch nach; ja im Straubinger Gäu lebte Einer, der fuhr seinem Pfarrer keck unter den Ellenbogen und verschaffte sich dadurch regelmäßig den Löwenschluck vom Johannisweine. Am Wirtstische wird hernach der „Kirchenflegel", so nennt der Bayer scherzweise den Kirchenpfleger, mit seinem Essigwein in die Enge genommen: „No du, i glaub, du hast uns dösmal vogebn wölln mit dein Johannissegn!"

Übrigens läßt jede bayerische Familie am Johannestage noch ihren eigenen Hauswein zur Weihe tragen. Nach der Messe versammelt sich dann die sämmtliche Hausbewohnerschaft um den Familientisch. Der Bauer ergreift jetzt das volle Kredenzglas, hebt es gegen die Bäuerin und spricht sie also an: „I bring dir 'n Sankt Johannessegen!" Die Bäuerin ihrerseits ruft ihm zu: „I gsegn dir 'n Sankt Johannessegen!" Nun trinkt der Hausherr und zwar in drei streng gegliederten Schlucken; nach dem ersten spricht er gebetweise „Gott Vater!" nach dem zweiten „Gott Sohn!" nach dem dritten „Gott heiliger Geist!" Hierauf reicht er das Kredenzglas der Hausfrau. Sie ruft nun dem ältesten Sohne zu: „I bring dir 'n Sankt Johannessegen!" Er hingegen spricht die Mutter an: „I gsegn dir 'n Sankt Johannessegen!" So geht es die ganze ranggeordnete Familie durch, bis der Stallbub es dem Gänsmädchen zugetrunken und diese es ihm gesegnet hat.

Ja selbst der Bayer in der Wiege wird in die schöne Zeremonie und Volkssitte einbegriffen. Man spricht ihn mit dem vollen Segensspruch an und träufelt ihm seinen Johanniswein in den Dutzl.

Weihnacht im bayerisch-böhmischen Grenzgebirge

Johannes Linke

Wäldlerweihnacht

Es geschieht mitunter, daß ein Mensch aus einer der großen Städte, der keine Eltern mehr hat und sich noch keinen eigenen Hausstand gründete, in unser Grenzgebirge flieht, um hier oben ein gemütvolles, heimeliges Weihnachtsfest zu feiern, wie er es bisher nur in der Sehnsucht seiner Seele erträumte.

So tritt er denn im Marktflecken, wo die steilen Berglehnen der Eisenbahn den Weg versperren, in seine Schneeschuhe und gleitet den Bergdörfern zu. Auf dem Waldwege zerschneiden die tiefen Geleise der Zugschlitten und die breiten, vereisten Mulden des Blöcherzuges den dicken Schnee, der die Tannen vermummt und zu fremdartigen Wesen verwandelt hat. Es kommen auch jetzt noch, am Nachmittag des Heiligen Abends, Holzzieher vom Berge herabgesaust, und er hat bei den vielen Kehren der unübersichtlichen Straße Mühe genug, rechtzeitig vor ihnen zur Seite zu springen.

Die Sonne senkt sich schon glutrot in die Dunstschwaden des hügeligen Vorlandes, wie er den Wald verläßt und in sanfter Abfahrt einem Dorf entgegengleitet, das sich in einer überschneiten Wiesenmulde birgt. Er hört keine Weihnachtslieder, aber aus der Schmiede klingt der Hammer des Meisters, der einen Schlitten mit eisernen Schienen besohlt. Im Wirtshause, wo er auf einen Trunk und Imbiß einkehrt, sieht er keinen Tannenbaum stehen, und kein grüner Zweig steckt über den Bildern an der Wand. Der Wirt reitet auf der Heinzelbank und nagelt altes Leder auf die selbstgeschnitzten Holzschuhe und verwundert sich über die

Maßen, daß an diesem Tage ein fremder Gast zu ihm in die Stube kommt. Die Wirtsfrau trägt ihm Milch und Käse und altbackene Salzwecken auf und bedauert, daß sie ihm nichts anderes vorsetzen könne, aber die Wurst sei noch nicht fertig, der Rest des alten Hausbrotes sei beinhart, und das frische Brot liege noch im Backofen. Der Städter ist ein wenig enttäuscht, denn alles das, was ihm hier begegnet, entspricht durchaus nicht seinen Vorstellungen, die er in das Waldgebirge mitbrachte, aber er läßt sich die einfache Kost schmecken, bezahlt die geringe Zeche und fährt über den knirschenden Schnee in die Dämmerung hinein.

Die höchsten, baumlosen Zinnen des Gebirges glühen in den letzten Strahlen der abendlichen Sonne, während die Täler schon im Schatten und frostgrauen Reife liegen. Die einzelstehenden mächtigen Buchen und Ahorne am Hange starren im Rauhreif, der seine Nadeln in Büscheln und Zeilen um Zweige, Astwerk und Stamm geordnet hat.

Die Sterne funkeln kristallisch am Himmel, dicht über den Graten und Höhen, und der Schnee glimmert den Gestirnen in unzählbaren Blättchen entgegen, als der Städter den Weiler erreicht, wo er seine Weihnacht feiern will. Außer einem Forstverwalter und einem Gastwirt, bei dem im Sommer die Wanderer und im Winter die Schlittenzieher verkehren, hausen hier oben nur notige Holzmacher, die einen kleinen Erdäpfelacker bestellen und eine Geiß und eine Sau kümmerlich genug durchfüttern. Auch hier findet der Fremde in der sauber ausgescheuerten kleinen Wirtschaft keinen Weihnachtsschmuck, wie er ihn erwartete, und die Wirtin, die ihm das Bier ausschenkt, meint kopfschüttelnd: „O mein, was sollten denn wir mit einem Tannenbaum in unserer Stube? Das mögen die Städter tun; für die ist ein solcher Baum etwas Seltsames. Und das ist auch recht so, daß sie sich Christbäume kaufen, denn das schafft Arbeit für unsere Mannsbilder – aber wir haben Tannenbäume genug draußen im Wald!" Ja, das ist nun freilich kein Weihnachtsabend, wie er ihn sich dachte, als er aus der Stadt aufbrach, und nun weicht die Christfreude, die er mitbrachte, aus seinem Herzen, unfeierlich verdrossen und müde von der langen Fahrt legt er sich zu Bett, und während er noch über die gefühllosen Wäldler murrt, die nicht einmal das Weihnachtsfest recht feiern können, schläft er an diesem heiligsten aller Abende ein.

Aber kaum, daß er ein paar Stunden geschlafen hat, fährt er aus dem Traume und ist gleich hellwach. Ein wirres Brausen dringt durch das eisverblumte Fenster. In kriegerischer Eile fährt er in seine Kleider und reißt den angefrorenen Fensterflügel auf. Ist ein Unglück geschehen? Bricht ein Sturm die Wälder nieder, oder steht die Nachbarhütte in Flammen? Kinder schreien mit gellender Stimme, Hornrufe heulen durch die Nacht, Schüsse knallen, und über dieses Getöse brausen vom Tal her die Glockenstimmen. Geschwind tastet er sich die Holzstiege hinab und springt auf die festgetretene Gasse hinaus. Ein Bursche brennt einen Böller ab, ein Weib stößt unablässig in eine Trompete, der Förster schießt mit seinem Jagdgewehr in die Luft, und ein paar Buben knallen mit der Geißel und mit Zündpistolen. Und aus der Ferne, vom Talgrunde her und aus dem Pfarrdorfe, wo er gegen Abend rastete, dringt Krachen und Lärm und Glockengeläut.

„Was gibt's denn?" ruft der Städter den Wirt an, der eben mit einer uralten Büchse aus dem Gasthause tritt.

„Was es gibt?" lacht der mitleidig. „Christkindelschießen tun wir!" Und damit legt er seine Büchse an und jagt einen Schuß über sein Hausdach hinweg. „Wo kommt denn der Herr her, daß er das nicht einmal weiß? Heut ist doch Weihnacht! Das ist die allergefährlichste Nacht im ganzen Jahr! Das ist eine Losnacht, Herr! Da muß man die Teufel und die Hexen und die toten Leut, die keine Ruh finden, und die Drud und die Weihz und das ganze Gelump miteinander, die muß man anweihen, daß sie keine Gewalt kriegen über uns! Das ist sein Lebtag schon so gewesen, und das wird auch nicht anders!" Unablässig dauert das Schießen und Lärmen und Schreien fort.

Da vergeht dem Fremden mit einem Male der Ärger, der in ihm angewachsen war, und das unheimlich fremdartige Treiben dieser heiligen Nacht bekommt Gewalt über ihn. Er spürt, wie sich uraltes Heidentum der Heimat mit der frohen Botschaft des Heilands verquickt, und zum ersten Male begreift er den Sinn des Namens „Weihnacht", den er so oft unbesonnen hörte und aussprach: Es ist die Nacht, in der die bösen Geister angeweiht werden müssen, nicht nur mit Weihrauch, Kreuz und Weihbrunn, sondern auch mit Feuer und Lärm, damit ihre finstere Macht zerfällt und sie dem Dorfe und seinen Menschen nichts anhaben können. Denn immer und überall, wo der Erlöser ins Licht steigt, sammeln sich die höllischen Widersacher zum Kampfe.

Allmählich verebbt das Getöse, ab und zu durchpeitscht noch ein Schuß die eiskalte Nacht, und nur die Glocken singen noch eine Weile über das Gebirg. Nun kommen auch die Mettengänger wieder heim. Sie halten sich dicht beisammen. Es gibt wohl in jedem noch so kleinen Dorfe einen, der am Sonntag seinen Weg allein zur Kirche wandert, weil das die einzige Stunde in seinem arbeitsreichen leben ist, wo er ungestört seinen Gedanken über Gott und Welt nachhängen kann – aber auch dieser eine geht heute nicht für sich allein, sondern zieht in der Schar mit, denn in dieser Nacht, wo die Geister der Finsternis losgebunden sind, um gegen den Herrn des ewigen Lichtes anzustürmen, hütet sich ein jeder, ihnen ohne Beistand zu begegnen. Fröhlich gehen die Holzhauer, die Weiber, die Burschen und Kinder auf ihre erleuchteten Hütten zu, sie schälen sich aus ihren Mänteln und Umhängen und Kopftüchern, reiben sich die durchfrorenen Finger und wärmen sich am Herde, wo schon das Kaffeewasser siedet.

Die Kinder sitzen um den Tisch, als der Gast wieder ins Haus tritt. Die Wirtin schüttet den kräftigen, mit Rahm geweißten Kaffee in die bauchigen Tassen, der Wirt schneidet den unberührten Brotlaib an und legt nach altem Brauche jedem eine mit Semmel und viel Gewürz durchsetzte Mettwurst auf den Holzteller. Hungrig halten sie ihr nächtiges Mahl, an dem auch der Fremde teilnimmt, langen immer wieder neu zu und danken mit singendem Gebete für die Speise. Dann zündet die Hausfrau ein paar Lichtlein an und löscht die Lampe aus. Und nun findet der Gast aus der Stadt auch noch das, was er sich zur Weihnacht ersehnte. Die Dinge des täglichen Gebrauches sind im Dunkel versunken, und nur eine Krippe, kunstlos aber liebevoll aus Rinde geschnitzt, steht im Licht. Die Seidenflicken und Silberflitter, mit denen die Muttergottes und die Heiligen Drei Könige behängt sind, flimmern unter den Kerzenflämmchen, und es ist, als ob sich der Vater Josef und die Hirten und Schafe bei dem Geflacker des Lichtleins regten. Ein Mädchen stimmt zaghaft an, und nun fallen sie alle mit rauhen, ungeübten Stimmen, aber voll Herzensfreude in den Gesang ein: Stille Nacht, heilige Nacht ...

Nein, die bösen Geister werden keine Macht über das Dorf bekommen, und auch aus der Seele des einsamen Mannes, der ins Gebirg kam, um Weihnacht zu feiern, sind sie längst ausgetrieben.

Paul Friedl

Das Christkindl in der Glashütte

Das ewige Feuer durfte nicht ausgehen. Es brannte in einer alten knisternden Hütte im Tal der Ohe und rundum standen die alten Wälder bis hinauf zum Rachel. Wie ein eingesperrtes, unförmiges Tier mit wildfunkelnden Augen hockte der Glasofen unterm Dach und in der Feuergrube streckten sich lodernd die Scheiter. Die heiße Luft tanzte leise summend um die verlassenen Werkstätten der Glasmacher und zog fauchend durch das gehobene Dachgestühl ab. Draußen rauschte der Hüttenbach vorbei.

Das Feuer musste immer brennen; auch in der heiligen Nacht, in der die Arbeit ruhte und das Glasmacherdorf ganz still geworden war und die Familien in den warmen Stuben gottselig das Christkind erwarteten.

Verlassen lag die Glashütte im Finstern am Bach und blinzelte mit trüben Ofenlichtern zu den kleinen Häusern hinüber, deren Schatten unter dem Spitztürmchen des Herrenhauses und der Turmzwiebel der Kapelle sich aus dem Grau der Schneewehen gegen den schwarzsamtenen Himmel abhoben. Droben glitzerten frostig die Sterne aus der unendlichen Tiefe der Nacht.

Als der Hüttenherr langsam, fröstelnd in seinen Pelz geduckt, durch das Dorf ging, – dem Hüttenwirt ansagte, dass er auf dem Rückweg in der Schankstube keinen Laut mehr hören und kein Licht mehr sehen wolle, begegnete ihm niemand. Diese Nacht war stiller als alle anderen, geheimnisvoller und festlicher und voller Erwartung. Er ging hinunter zur Glashütte und zog das knarrende Tor auf, horchte auf das Brausen des Feuers unter der Ofenkuppel und sah nach dem roten Schein, der an den schwarzen Wänden der weiten Hütte zuckte. Beim Werkbankl der Glasmacher klirrte ein Krug; gegen die Glut des Ofens richtete sich ein taumelnder Schatten auf und kam ihm schwerfällig entgegen.

„Der Herr schaut noch nach?" Verwundert stand der alte Schürer vor dem Besucher.

„Gaschler, soll dich net ein Junger ablösen? Muß net sein, dass du die heilige Nacht Wache hast."

Der Alte knurrte abwehrend: „Herr, hab mir die Wache selber ausbedungen. Möcht allein sein in dieser Nacht! Seit mein Weib…"

„Weiß schon, Gaschler. Aber lass das Trinken sein. Es nutzt mich nichts, wenn du nachlässig wirst und die Hitze heruntergeht. Der Ofen vertragt das net. Wenn er zusammenfällt, ist es aus mit der Glasmacherei."

Rauh aufbegehrend wehrte sich der Schürer: „Herr, hab ich schon einmal meine Sach net recht gemacht? Vierzig Jahr bin ich jetzt schon Schürer in der Hütte."

„Ist schon recht", besänftigte ihn der Hüttenherr, wandte sich unwillig ab und ging. Hinter ihm klirrte die Schürstange.

Seit sein Weib nicht mehr lebte, war der alte Schürer ein Einschichter geworden, der den andern fern blieb, der die Nachtschichten übernommen hatte und dabei alles vertrank, was er verdiente.

Waren seltsame Menschen diese Glashüttenleute, derb und rauh, konnten bei der schwersten Arbeit singen, während ihnen vor dem brandheißen Ofen die Haut dörrte, brauchten viel Bier und hatten doch so viel Herz, daß sie damit nichts mehr anzufangen wußten, wenn die kalten Finger des Schicksals danach griffen.

Hatte seinem Weibe nicht alle Tage Freude gemacht. Wie oft mochte er ihr versprochen haben, das Trinken zu lassen und brachte doch den Bierteufel nicht von seinem Genick und wenn das stille geduldige Weib wieder nicht wußte, woher sie Milch und Brot für die Kinder nehmen sollte, dann saß sie in den Nächten strickend bis zum Morgengrauen bei der Kerze.

Sie waren groß geworden, die Gaschlerkinder und der Älteste war heute der beste Glasmacher der Hütte. Die Buben waren keine Trinker, sie hatten zu viel miterlebt von der Sorge der Mutter, um die der Vater am Grabe so heftig geweint hatte. Nun war niemand mehr, der dem alten Gaschler im Guten zuredete und nun vertrank er die Trauer um sein Weib und die bittere Reue um die harten Tage, die er ihr bereitet hatte. Trank bei der Nachtschür und schlief vom Morgen an, bis wieder zur Nacht. Seine Buben zuckten dazu hilflos die Schultern und die Enkel sahen ihren Großvater mit Scheu und Furcht.

Hinter einigen Fenstern leuchtete schon der Kerzenschein auf und auch im großen Haus wurde der Baum gerüstet, bis der Herr von seinem Hüttengang zurückkam.

Die warme Stube, der Lebkuchenduft, der Christbaum und die Freude seiner zwei Kinder ließen den Hüttenherrn den alten Gaschler in der einsamen Glashütte wieder vergessen. Nun war ja Friede und Freude in allen Stuben der Glashüttenleute, die schon durch Generationen an die Glashütte, den Ort und das Herrenhaus gebunden waren und wohl tiefsinnig und rauh gerade das Lied von der „Stillen Nacht" sangen, während in der Herrenstube die alte Weise das Spielwerk im drehenden Christbaumständer klimperte.

In der Hütte saß der Gaschler wieder auf seinem Werkbankl und dämmerte vor sich hin, wischte sich die tränenden Augen und griff nach dem grüngläsernen Bierkrug. Dann krampfte er die Hände zusammen und bat den Herrgott, er möchte es doch seinem seligen Weib sagen, dass sie ihm verzeihen möge, was er ihr angetan hatte. Der Ofen sang und die Lichter huschten wie Geister über die Wände. Er horchte auf den Brand; wenn das Sausen und Brausen in der Schür dumpf und hohl wurde, musste nachgeschürt werden. Draußen vor der Hütte warteten im Schnee noch drei Krüge, mit je sechs Gemäßen. Damit würde er seine einsame Weihnacht am Glasofen feiern.

Hoch oben an der Wand hing eine Uhr mit verrußtem Zifferblatt und schwang ein schwarzes Perpendikel. Rotgläserne Gewichte hingen wie Riesenbluttropfen an den Schnüren. Nun war das Christkind in den Ort gekommen. Wie sich das kleine Reserl, das Kind von seinem Buben, gefreut haben würde, das blonde Krausköpfel, das ihn oft mit den hellblauen Augen so fragend ansah. Es würgte ihn in der Kehle. Er sah in die Nacht empor, zu den wandernden glitzernden Sternen. Zur Mette würden sie sich jetzt rüsten. Wie lange war es her, dass er seinen letzten Mettengang gemacht hatte. Mit seinem Weib.

Er kehrte in die Hütte zurück. Seine Holzschuhe klapperten auf dem harten Boden. Wieder sandte der Hüttenkamin seinen lodernden Strauß in die Nacht und tanzten die goldenen Funken in den Himmel hinein.

Eine Laterne schwankte durch das nächtliche Dorf und auf das Herrenhaus zu. Die Hausglocke bimmelte. Als der Hüttenherr aufmachte, sangen dünne helle Stimmen die uralte Weise der Christkindlsinger.

„Kommt herein!" Ein Engel ging voran, mit leuchtend blauen Augen und blondem Kraushaar, mit Goldflügeln auf dem weißen Kleidchen. Maria folgte mit dem Kind im Kripplein und zwei kleine Hirten mit Bärten aus grauen Baumflechten machten den Schluss.

„Ich singe euch eine selige Mär –", kündete der Engel und tief gerührt lauschte die Familie dem kurzen Spiel von der Heiligen Nacht. Die Frau des Hauses gab reichlich Gebäck in ein Säcklein. Einer plötzlichen Eingebung folgend, sagte der Hüttenherr: „Wenn ihr überall gewesen seid, dann geht auch in die Hütte zum alten Gaschler!" Und dem kleinen Engel über das Haar streichend setzte er hinzu: „Wird ihn gewiss freuen, deinen Großvater!"

Dann trabten die Sängerlein von Tür zu Tür und waren beim letzten Haus, als gerade die Kapellenglocke zur Mette läutete.

„Gehn wir zum Großvater", bettelte die Kleine. „Wir net", entschieden die Hirten, „den Gaschler fürchten wir."

Auch Maria wollte nicht. Mit einem energischen „dann geh' ich a allein", lief das Reserl über den singenden Schnee der Hütte zu.

Den Kopf in die Hände gestützt kauerte der Gaschler auf der Bank und hörte nicht, wie leise das Hüttentor aufgedrückt wurde und im dunklen Winkel auf einmal ein weißer Engel stand.

Weit über die Glashütte hinaus waren seine Gedanken geraten. Da sang ein kleines zitterndes Stimmchen in die brodelnde Stille des weiten Raumes: „Ich sing euch eine selige Mär" und verstummte, erschrocken über den auffahrenden alten Schürer. Während sich der die Augen rieb und in die dunkle Ecke starrte, in der er soeben noch im aufflackernden Schein einer Feuerzunge ein blondes Engelköpfchen und zwei goldene Flügel gesehen hatte, entfernten sich draußen huschende Schrittchen über den knisternden Schnee.

„Jesus und Maria! Was ist das gewesen?" Mit über den Kopf gestoßenen Armen stand der alte Gaschler und ächzte mit zuckenden Lippen: „Was ist das gewesen! Weib, hast du mir das leibhaftige Christkindl geschickt! Dann, Weib, hast du mir auch verziehen."

Seine tastenden Hände fanden den Bierkrug. Sie schmetterten ihn auf den Boden, dass die grünen Scherben wie ein Feuerwerk aufspritzten. Mit festen Schritten ging der Alte aus der Hütte, um hier mit den Holzschuhen zwei Bierkrüge umzustoßen, die dort noch gefüllt im Schnee standen.

„Weib, keinen Tropfen trink ich mehr – und froh bin ich." Während sie droben im Ort in der Kapelle zur heiligen Christmette sangen, sandte der Hüttenkamin wieder seinen lodernden Strauß in die Nacht und tanzten die goldenen Funken gegen den Himmel. An der Schür stand der Gaschler, hatte die Hände um die eiserne Stange gefaltet und betete für sein Weib und alle armen Seelen.

Der Gaschler hat sein Wort gehalten. Er lebte noch lange. Erst auf seinem Sterbebett sprach er davon, dass ihm das Christkindl erschienen sei, damals, in der Mettennacht, in der Glashütte. Er sagte es seinem weinenden Enkelkind, das heute selbst schon Großmutter ist.

Diese Geschichte hat sich in Riedlhütte wirklich zugetragen.

Xaver Siebzehnriebl

Grenzlandweihnacht

Wenn Weihnachten vor der Tür steht, schlachtet der Wäldler fürs eigene Haus. „Dö heili'n Zeit'n mou(ß) ma' eahr'n", denkt er sich, und es müssen echtschweinerne Mettenwürste sein, saftige Leberwürst' und speckige Plunzen und eine fette „Brütsubbn". Der Störmetzger kommt und sticht die feiste „Sugel" ab. Manches „Wuserl" muß jetzt daran glauben, daß es ein schmackhaftes, leckeres Weihnachtsbraterl werden wird. Der Bäuerin geht's noch dick ein, denn die Kuchel ist voll Arbeit. So ist's alle Jahr, af d'letzt wird's no' nejdö. Eine großmächtige Rein voll nußerlbrauner weizener Germnudeln und a seiß's Kletz'nbroud wird bacha (gebacken), daß d' Ehhalt'n ebbes z'fieseln, z'knangen und z'knuschen haben.

Und die G'schenga (Geschenke), „d' Christkindln", für die Ehhalten müssen beim Kramer noch kauft wer'n. Die Knecht' kriegen zum Heiligabend „Pfojda" (Hemden), Hosenträger und „routblöimlde Schneiztejchel" (rotgeblümte Taschen- oder Sacktüchel), die Dirnen einen „Kidlzui" (Kittelzeug) oder einen „Vüardazui" (Fürtuchstoff). Die Ehhalt'n geben dafür einen „Vergelt's Gott", und der gilt viel, denn der Christsegen liegt darauf. Wenn die Leut' morgens am 24. Dezember aus dem letzten Rorate heimkommen, wird im Haus noch „zusammen"-gearbeitet. Die Weibets putzen auf den Knien, daß „koa Dreck in die Feiertag hineinkommt". Mittags hat man Knödl und „Schwammerbreij" oder einen „Birnkoch" oder „Germnudln und Zwäschbnmous". „Wer fast(et), bis d'Stern am Himml san(d), sehgt in d'Zukunft."

Schon mittags wird Feierabend gemacht, so ist's altes Herkommets; und wie's schon allweil gewest ist, dabei bleibt's. Wenn das Stallvieh gewässert und abgefüttert ist, rennen d' Knächt' af's Bödel affö in eahra Kammerl, handdeln d' Feierta'muntur aus'm Kost'n außa und gwanddn si' um.

Die Schuster, die Schmiede und die sonstigen Hampersmanner lassen schon mittags oder längstens um die Dreiuhrbrotzeit den Werkzeug aufräumen und die Werkstatt auskehren. Wer ein liebes Totes draußt im Freithof hat, tut ihm aufs Grab ein Christbäuml hin und hängt papierene Rösel und Flittergold dran.

Wenn die Wälder sich annachten und die Höfe einfinstern, guckt manche Bäuerin zum Himmel hinauf; sie weiß: Wenn viel Stern' am Himmel sind, legen die Hennen viel Eier im neuen Jahr. Uralt ist schon die Red', die am Heiligabend unter den Weibern geht: Viel Stern', viel Ojer.

Mancher Waldeinöder und mancher Dörfler streut Brotbrösel in den Hausbrunn', daß er „nöd ausbleibt", „drosselt" auch im Garten die Bäum', umwickelt sie mit Strohbändern, weil es der Urähndl und der Ähndl auch getan haben; so kann den Obstbäumen die „Gefrier" nit an, und sie tragen dann im kommenden Jahr „recht".

Mancher Waldler und „Haislmo" knotzt die Heiligabendspäne und steckt sie „inters Dach", „daß der Himmezer nit ei'schlogt, wenn im nächst'n Summa die schoarfn Wöda kömmen".

Am Heiligabend gi(b)t's als Nachtsubb'n Semmel und seijße Möl(ch) oder gar Kaffee mit Kletzenbrot oder Germnudln. Das Kletznbrot ist einem seltsam und schmeckt einem, sind ja „Ziwebn", Feign, „Nuß", Zweschbn und Hutzln drinnen.

Wenn die Sonn' abgestiegen ist und es überall einfinstert, wird und bleibt es heutzutage stad am Heiligabend. Früher ist es anders gewest; man hat die Weihnachtsfreude überlaut werden lassen. Am Heiligabend, wenn „die Nachtsuppe gegessen" gewesen ist, ist's Burschets rebellisch worden. Tür aus und ein ist's im Haus und im Bauernhof gegangen. Die Knechtel und die Hütbuben haben in jeden Winkel und in jedes Eck hinciugegrobbt, drinnen sie a alte Musketn gewittert haben, und haben sich gedacht: die mou(ß) her, haben die alten Terzerole und die verrosteten Kugelstutzn hinterm Kommodkasten und unter der Bodenstiege hervürgezogen, haben die verstaubten Knallstutzen, Bürschbüchs'n und Jagaflint'n g'striegelt, g'fummelt und 'putzt, die verrosteten Hahna mit einem Batzen Schmalz eingeschmiert, daß sie wieder geschnappt sind, haben Schrotkügerl und Papierl und Pulver in die Röhrln dreingestrempfelt, wenn 's Oschuißat angegangen ist, daß 's recht kracht und knallt hat. Draußen hinter den Stadeln und Schüpferln hat bald ein Schuß um den andern gekracht, zührot sind die Funken aus den Pulverröhrln sternwärts gesprungen. Von allen Einöden und Dörfern her, hinter allen Büheln und in allen Tobeln hat es geplärrt. Die schlafenden Holzer sind aufgeschreckt und haben hellauf gelacht, die Hofhunde haben angeschlagen und die Dorfköter geknauzt. Die Gassenbuben haben es den Hütbuben und Knechten nachgemacht und a Hosnsackl voll Speiteifl abgelassen, haben bengalisch funkelnde Zündhölzer angekentet und kleine Kapselbüchsl krachen lassen. Die Burschen und Buben, die am Heiligen Abend und in der Christnacht das Christkindl o'gschoss'n haben, haben es damals gar nit gewußt, daß diese Schießerei einstens uralt herkömmlicher „Heidenlärm" gewesen ist, der die „Dachereien" vor bösen Leuten und feindlichen Geistern und Dämonen geschützt hat.

In der wacherlwarmen Stube werden lauter uralte G'schichten erzählt: von den Freischützen und Mettenjagern, von den offenen Bergen und Burgkellern und ihren gemünzten Schätzen, von den guten alten Zeiten, wie roter Mettenwein statt Wasser christnächtens in allen Bächen geronnen ist; dem alten Ähndl sein Urähndl schon hat allmal davon erzählt, wenn die Christnacht gwest ist. Die ganze Stube lust. Die Ahndl sitzt am warmen Kachelofen auf dem Bankerl und sinniert ein Weilel; dann fällt ihr ein, wie in den Rauhnächten früherszeiten die Hexen durch die Rauchfänge gefahren und auf Besenstielen und Kehrwischen und Ofenkrucken ausgeritten sind, wie die feurigen Manndel hinter den Marterln und Flachsbrechhäuseln gelurrt und die wilden Jäger über den finsteren Wäldern gehetzt haben.

Alle Augenblick' fragen die kloan Kinder d' Muadda und 'en Vaddern, ob's Christkindl g'wiß kimmt und ebbes ei'legt? Und gleich steigt der Vater aufs Gsodbödel hinauf und tut einen Schübel Heu hinaus vors Schüpferl; und nachher stellt er davor noch eine „Standdn" voll warmes gutes Tranket. Wenn's Christkindel hinterm Haus durch das Gassel daherkommt, hält das Schlittenfuhrwerk an. Den Esel hungert ja von der weiten Reis', und weil noch ein weiter Weg ist, schmeckt ihm das Heu und das Tranket.

Draußen blenkerzt der Schnee, und die Sterne funkerzen droben. Alle Gassel und Steige sind einsam und leer, es ist kein Mensch mehr draußen. Alles ist daheim und wartet. Nur der

Wind ist draußen, der pfeift und faucht und kanns recht, pfurrt und surmt über die Dächer und fergelt in den Bäumen, weht den Schnee an die Stadel und Hoftürl, an die Zäune, Stiegl und Gatterl und an die Hütten und Häuser und kichert in allen Winkeln, wie wenn er selber ein übermütiges Freuderl hätt'.

„Wenn nur's Christkindl einen Christbaam und ein' Spielsach' nit vergessen dad!" denken sich die Kinder in der Stube. Der Xaverl hat sich a Trumpetn, a Trummel und a Geign g'wunschn und a Kumedigspiel obendrein und noch „allerhandderlei"; er hätt's auch dem Christkindl längst geschriebn; das „Breijferl" hat er vors Fenster hinaus'tan, und das Christkindl hat es fortgeholt, einmal in einer staden Adventsnacht, wie niemand mehr um die Wege gewest ist. Mäuserlstad lust der Xaverl hinaus ins Flötz und hinüber ins schöne Stüberl, und auch's Nannerl gibt Fried', „daß 'Christkindl ned versprengt wird". Es ist so anheimelnd lauschig in der Stube und so still, daß man die Uhr tickeltackeln hört. Die Kinder warten hart und fangen zu beten an. Auch die bösen „Bamsen" kriechen zum „Kreuz" und sind schön brav, „daß's Christkindl koan Stoa und koa Gart' ei'legt". Und so kommt es endlich über'n Kaitersberg oder über'n Arber her in den Lamerwinkel, über'n Osser her oder von der Rotkreuzhöhe herunter auf den Rittsteig, über'n Spandlberg oder über'n Buchberg her und über'n Hochbogen herüber nach Neukirchen Hl. Blut, vom Burgstall oder vom Schwarzkopfberg herunter in die Further Senke. Die brave Mutter ist mit aller Arbeit fertig und lächelt selig still in sich hinein, kentet den Kerzenleuchter an und geht mit ihren Kindern nachschauen. Die Kinder hupfen vor lauter Freud. Der Xaverl kennt's gleich, wo 's Christkindl schon ei'glegt hat, und schnadert: „Aus dem Schlüssellöchel in der Tür der schönen Stubn leuchtet's zühlicht heraus ins Flötz." „Da drin brinnen meiner Seel' scho' d'Kirzln am Christbaam", sagt der Vater, ganz froherschrocken, und klinkt die Tür auf. Die Kinder hupfen in die Christkindlstube hinein; und die Mutter, der Vater und die großen Kinder drängen sich heran und freuen sich mit. Der Xaver schaut und staunt und traut seinen Augen kaum und denkt sich in seinem Köpfel: „Ist's gwiß und wahr? Oder traamt mir sched?" Und ihm ist, als hätt' er das Christkindl mit seinen schönen Blondhärlein noch gesehen, wie es im schneeweißen Hemderl vor etlichen Augenblicken beim Fenster hinausgehuscht ist.

Da wird nun „g'schmatzt" und derzählt, gewerkelt und gespielt, gehämmert und gesagelt, geblasen und getrommelt, ge-
hutscht und gefahren bis in die tiefe Christnacht hinein, bis eins
ums andere einnafzt vor lauter Müdsein.

Draußen rumpelt der Schneewind ums Haus und johlt wie der
gespenstische Hangerstelzl am Rittsteig, die Hoftürl knarzen und
die Fensterläden knackeln, wie wenn er hereinspähen und herein-
pfurren möchte. Und wenn er in den Rauchfang einen tiefen
Brummer tut, meint man gar, der Niklo ist am Weg heimzu und
kutschiert vorbei: „Hüh! Hott! Wista! Hott!" Längst schnarchen
die kleinen Spielratzen in ihren Betten. Die großen Leute bleiben
auf und warten, bis zu der Metten Zeit wird.

Die ersten Mettengeher stapfen die Steige und Gassen dahin,
an den Häusern vorbei. Wenn kein Mond ist und die schneeigen
Wege finster sind, leuchten bald viele Laternen durch die Christnacht, als wären's lauter Sterndel, die vom Winternachthimmel
herniedergepurzelt sind.

In einer finster'n Christnacht „gammert" der Bauer: „Finst're
Metten, helle Stadel." Wenn aber der Mo(nd)schei(n) scheint,
frohlockt er: „Helle Mett'n, finst're Stadel!"

Wer daheim bleibt und das Haus hütet, schiebt den Riegel vor
die Tür und schürt das Feuer im Ofen, daß die Mettenwürste gar
braten und die Brütsuppe wird. Der Further steckt vor der Mette
einen schon längst bereit gelagerten großen buchenen oder bir-
kenen pinkenden „Weihnachtsknüttel" ins Ofenfeuer; der „gibt
aus", macht eine Hitz' und hält die Stube warm, bis die Christnacht vorüber ist. Um zwölfe fangen alle Weihnachtsglocken an
und läuten über Berg und Tal; der Wind hält seinen Kreißter an
und lust ihnen zu.

Die Kirche ist voll Leut'. Droben an der Orgel sitzt zuhöchst
der Organist, er haucht sich in die kalten Hände und reibt sich die
Finger gangig, greift ins Tastenwerk darein und spielt zum Met-
tenamt ein und werkelt, daß die Orgel nur so schallt und schnurrt
und drunten in der Kirch' die Nacht aus allen Winkeln huscht.
Am hohen Altar vorn glitzen die Kerzen. Die Weiber knien im
Gstühl und lassen die geweihten Wachslichtel schön brav funzeln
und vertropfen. Droben singt der Chor das „Stille Nacht". Den
Alten geh'n die Augen über. Es ist allemal zu schön, dies fromme
Weihnachtslied! Wenn der Segen ausgeteilt ist und der letzte

Orgelklang in den hintersten Kirchwinkel sich verschließt, wird die Kirche wieder leer. Der Mesner löscht alle Lichter ab und sperrt die Kirchtür zu.

In der wacherlwarmen Stube dampft schon auf dem Tisch die Mettensuppe; sie glänzt von den vielen Fettringlein, die drauf schwimmen, und die Leberwürst' und die dicken Plunzen pregeln in der Schmalzrein und duften vor lauter Gutsein. Alt's und jung's sitzt am Tisch und ißt und schleckt, weil's schmeckt, und wärmt sich das Inkreisch auf. Aber bald kriecht man ins Bett, daß man zeitig wieder beim Zeug ist und den hellen Christtag nicht verschnarcht.

Licht stehen die Sterne über den traumseligen Hütten und Häusern. Ein Sternschneuzer nach dem andern sprüht und flitzt durch die Weite des Himmels. Oder sind's etwa gar verirrte, himmelheimsuchende Engerl? Und zuhöchst am Himmel droben ist es so wunderhell, wie wenn das Christkindl heimgekommen wär'.

Friedrich Brandl

Waldweihnacht

Staad zieh a
poar dutzad Leit
durch d Winternacht
d Laternen vo
de Kinda verbreitn
a warms Licht

Da Redner mahnt
und will afrütteln
beim
o Tannenbaum
schlucka einzelne

Leise deckt da Schnee
de Wunden zou vom
Wold und nimmt uns
d Sicht

In den Rauhnächten

Johann Peter

Die „Rauhnacht"

Die Sitten und Bräuche der Böhmerwäldler sind wahr, treu und urwüchsig; in ihnen lebt und webt ein unverkennbares Stück Mittelalter, sie sind der getreue Spiegel des Denkens, Fühlens und Handelns des biederen Waldvolkes, das noch wenig mit der Außenwelt in Berührung getreten. Ihre Bedeutung knüpft sich an die verschiedenen Festzeiten des Jahres, und dementsprechend gibt es gewisse Cyklen von Bräuchen, welche sich um irgend eine bestimmte Festzeit gruppiren. Da fesseln zunächst die Weihnachtsgebräuche ob ihrer poesievollen Weihe und Eigenart unsere Aufmerksamkeit in hohem Grade, und ich bitte den Leser, mir im Nachstehenden zu folgen.

Weihnachten, das im Volke allgemein als der eigentliche Anfang des bürgerlichen Jahres angesehen wird, wird eingeleitet durch das Andreasfest, dessen Vorabend eine der stärksten „Losnächte" ist, und schließt mit dem heiligen Dreikönigsfeste, dessen Vorabend die letzte Losnacht des bürgerlichen Jahres ist. Innerhalb dieser Grenzen liegen die Feste „Niclo", wo Knecht Ruprecht sein Wesen treibt, der Advent, die Vorbereitungszeit für die Geburt des Herrn, der Christabend, der die zweite Losnacht ist, der Sylvesterabend, welcher gleichfalls zu den Losnächten zählt, und schließlich das Dreikönigsfest oder wie es im Böhmerwalde heißt, die „Rauhnacht".

„Rauhnacht" stammt entweder her von den wetterrauhen Nächten um die Dreikönigszeit, wo sich der Winter in seiner ganzen Macht und Stärke äußert, oder von „Rauchnacht", weil in dieser schrecklichen Losnacht das ganze Haus „eingeräuchert" und mit Weihwasser „eingesprengt" wird, um dasselbe gegen den Spuk der „langhaarigen, kochlöffeldürren" Hexen zu feien. Diese geheimnißvolle Nacht gilt im Böhmerwalde als die stärkste Losnacht, sie ist die Walpurgisnacht des Böhmerwaldes, wo sich die höllische Brut der Hexen unter Anführung des Höllenfürsten bei Katermusik, Windesbrausen und Irrlichterschein auf Bergspitzen, Kreuzwegen und Dachböden bis zum ersten Hahnschrei vergnügen, wo sie „die Macht haben" über den Menschen, dessen Haus und Vieh, wenn er sich nicht mit der heiligen Kreide und dem geweihten Wasser wider sie waffnet. Nicht geheuer soll es da auf Kreuzwegen zugehen, denn dieselben lieben sie insbesondere, dort finden sie sich am zahlreichsten ein, dort geht es am lautesten her; deshalb meidet jeder Wäldler mit banger Vorsicht diese unheilvolle Stätte, um nicht hinein zu kommen in den „Hexenkreis", wo er unbarmherzig von unsichtbaren Händen in „tausend Fetzen" zerrissen würde. In dieser Nacht ist es dem Sterblichen gegönnt, zu „lusen", d. h. einen weiten Seherblick in's verschlossene Reich der Zukunft zu werfen, was jedoch nur unter Beobachtung besonderer Vorsichtsmaßregeln stattfinden kann. Der „Luser" begibt sich entweder auf einen Kreuzweg oder auf einen Bühel, zieht mit geweihter Kreide einen großen Kreis, in dessen Mittelpunkt er sich stellt. Seltsame Dinge soll er da schauen und hören! Mit höllischem Ingrimm tanzen und schwirren die Hexen um den Kreis herum, allerlei verfängliche Reden und Schmeicheleien, Verheißungen und Drohungen rufen sie dem „Luser" zu, um ihn aus dem Kreise zu locken, und wehe ihm, wenn er sich von den Sirenenstimmen bethören läßt und aus dem Kreise tritt: er ist dann rettungslos verloren. Sie fahren dann mit ihm durch die Lüfte und zerreißen ihn schließlich in tausend Stücke. Deswegen findet selten Jemand den Muth, zu lusen, und wenn es schon Einer wagt, so ist es in der Regel ein hochbetagter, silberhaariger Greis, der sich die Ohren mit Werg verstopft, um den Lockungen der bösen Geister standhaft zu widerstehen. Selbstverständlich sind diese Herren sodann die angestaunten Dorfwunder!

Die „Rauhnacht" ist eine so hochgradige Losnacht, daß sie selbst in der Volksphantasie als Hexe auftritt: sie wird zur personificirten Allegorie. Ihre getreuen Vasallen sind Sturmesbraus und „Schneegewachel", Frost und Eis. Über dem Waldgebirge webt ein frostiger Wintertag, eine brennendsternige Winternacht, die unermeßlichen Fichten- und Tannenwälder liegen in tiefem Schnee, alles Leben der Flur schweigt, nur der gespenstische Uhu läßt nächtlicher Weile sein schauerliches Geschrei durch die erhabene Winter-Waldeinsamkeit erschallen; zeitweilig kreist eine glänzende Sternschnuppe in langgezogenem Bogen durch das lautlose Universum, die Fenster der Dorfhäuser sind vom flackernden Kienspanlicht matt erhellt, im traulichen Gemache prasseln die Flammen und die Wäldler sitzen am großen Kamin und ruhen aus von des Tages Müh'n und Lasten.

Da nimmt der Hausherr die geweihte Dreikönigskreide zur Hand und wandert von Thür zu Thor, von Raum zu Raum, von der Stube in die Kammer, von da in das Vorhaus, den Stall, die Scheune, auf den Boden, und schreibt auf jede Tür in mehr oder minder geschickter Weise die Beschwörungsformel: 18 + C + M + B + 86, welche die Namen der Dreikönige (Caspar, Melchar, Balzer), das heilige Kreuz und die laufende Jahreszahl versinnlichen soll. Diese Beschwörungsformel hindert die dem Menschen Böses wollenden Hexen am Eindringen in's Haus und macht so die Insassen desselben sicher vor Teufelsgefahr. Man nennt diese Sitte das „Anschreiben", welchem das „Einsprengen" mit Weihwasser und das „Einrauchen" mit Weihrauch folgt. Der Rosenkranz beschließt diese abergläubische, althergebrachte Feier.

Nun geht man an's Nachtmahl, das an diesem Abende aus fettem Schweinfleisch bestehen muß. Während des Essens kommt die „Rauhnacht" durch den Schornstein zum Ofenloch und schreit durch daßelbe mit rauher Stimme in die Stube hinein:

„Heut is dö foast Rauhnocht!
Thür und Thor aufg'mocht!
Fleisch oder Kropfa heraus,
Sunst jog i Enk oilli aus 'm Haus!"

Da gibt es natürlich kein Säumen: der Bauer beeilt sich, der bösen Hexe den schuldigen Tribut zu zollen, indem er einen Knochen in's Feuer wirft, den sich nach seiner Überzeugung die Rauhnacht aus dem Glutmeere holt. Das geschieht denn auch mit unheimlichem Getöse, und wenn sie sich ihrer Habe bemächtigt, so entweicht sie wieder unter schauerlichem Windesgebraus durch den Rauchfang, während dessen die Wäldler ein Gebet sprechen.

Auch die Drude, die so gefürchtete Nachthexe, treibt in der Rauhnacht ihr Unwesen. Sie schleicht bei stiller Schlafenszeit auf den Zehen zur Thüre herein und legt sich dem Schlafenden auf die Brust und schnürt ihn derart zusammen, daß ihm Hören und Sehen vergeht und der kalte Schweiß aus den Poren tritt. Trotz aller Bemühungen ist er nicht im Stande, sich zu bewegen, um Hilfe zu rufen, oder sich dieser Schreckgestalt zu entledigen: er muß es willig geschehen lassen, wenn sie ihn auch erdrosselt. Deshalb geht kein Wäldler in der Rauhnacht zu Bette, bevor er nicht an den Fußtheil desselben den Drudenfuß, das alte Pentagramm, und an den Kopftheil drei Kreuzlein mit „geweihter" Kreide gemalt hat; diese mystische Formel schützt ihn seiner Anschauung nach vor den Plagen dieser fürchterlichen Hexe …

So furchtbar sich die Rauhnacht gestaltet, so fröhlich verläuft der Dreikönigstag. Da gibt es in jeder Holzhütte ein köstliches Essen, bei dem das „foast" Fleisch die Hauptrolle spielt, und wobei Knödel und Kraut nicht fehlen dürfen; abends wandert man dann schaarenweise in's Wirtshaus, um bei Gerstensaft und Jodlersang die nun machtlose Rauhnacht zu begraben.

Nur die Jugend hat noch eine wichtige Dreikönigsmission zu verrichten: Es ist dies das „Dreikönigssingen".

Drei Burschen, die drei Weisen aus dem Morgenlande darstellend, ziehen in symbolischer Kleidung, mit einem goldflimmernden Stern auf einer reich verzierten Königskrone, mit einem entsprechenden Königsgewande, mit Weihrauch und Königsstab, von Haus zu Haus, von Dorf zu Dorf, und singen das „Dreikönigslied", das immer einen Stoff aus der Geburtsgeschichte des Heilands behandelt, in echt volksthümlicher Weise. Während des Gesanges drehen sie mittelst einer Kurbel den auf der Krone schimmernden Stern herum, was besonderes Interesse bei den Wäldlern erregt. Der Lohn, den die „Dreikönigssinger" für ihre „wunderschönen Christkindlg'sangl" ernten, besteht in Flachs, Werg, Mehl, Schmalz, Eiern, Fleisch und dergleichen mehr; so will es nämlich die Dorfsitte des Böhmerwaldes.

Ein häufig gesungenes Dreikönigslied hebt mit den Worten an:

„Die heiling' Dreikönig
Mit ihrem Stern,
Die singen und preisen
Gott Vater, den Herrn."

Und so geht es fort, oft eine halbe Stunde lang, bald Solo-, bald Zwie- und bald Terzettgesang. Dabei verlieren die Wäldler kein Wort, die Aufmerksamkeit ist so groß, daß man ob der Stille, die in der Stube herrscht, „eine Maus laufen hören könnte". – Dieser Brauch ist echt volksthümlich, uralt, historisch begründet, und alldeutsch. In geringen Abweichungen findet er sich in ganz Deutschland, in Norddeutschland wie im Elsaß, in Schwaben wie in Kärnten, Steiermark und Gebirgsböhmen vor, und er wird sich dauernd erhalten kraft seiner poesievollen Volksthümlichkeit.

Mit diesen Dreikönigsbräuchen schließen die Weihnachtsbräuche, ein Held gar lustiger Art, angethan mit der Schellenkappe und der Larve, zieht in die Welt, er setzt das Horn an seinen Mund, und die lustigen Klänge zaubern den deutschen Ringelreihen zutage und in Aller Herzen erklingt es laut und fröhlich: „Fasching! Fasching!"

Gustl Motyka

Die Rauhnächte

Die Rauhnacht oder die Rauchnacht, wie sie früher hieß, hat heute ihre eigentliche Bedeutung verloren. Früher wurden die Wohnungen ausgeräuchert. Die geheimnisvollen Winternächte haben ihre Wurzeln bei den Germanen. Ihre Götter hatten dienstbare Geister, die zum Gedeih oder Verderben der Menschen bestimmt waren. Eine beinahe unbeschränkte Macht auf das Schicksal der Menschen sprach der germanische Götterglaube diesen Wesen zu, besonders um die Zeit der Wintersonnwende. Das Volk hat sich in manchen Gegenden von diesem Glauben bis zum heutigen Tag nicht lösen können.

Die Vorfahren glaubten, daß man die Geister mit viel Lärm vertreiben könne. Davon rühren noch heute das Böllerschießen und das Hexenauspeitschen zur Zeit der Rauhnächte her. Auch der Bauer schützt sein Vieh gegen diese Unholden und gibt ihm darum ein Gemisch aus Weihwasser, Kleie und Hafer. Vor allem tritt auch in dieser Zeit die Angst vor dem „Verschreien" auf. Beim Verschreien wird nicht etwas Böses oder Schlechtes zum Ausdruck gebracht, sondern das Gute und Schöne wird übertrieben gelobt, und davon fürchtet man Unheil. Auch heute hört man noch oft den Satz „B'hüts Gott, daß man's net verschreit".

In unserer Gegend spricht man gewöhnlich von zwölf Rauhnächten, aber nur drei stehen in höherem Ansehen. Diese Rauhnächte werden auch als Losnächte bezeichnet, weil in diesen Nächten alle bösen Geister zur Erde losgelassen werden oder eine andere Deutung, daß man während diesen Nächten Leid und Freude, Glück und Unglück sich durch Los bestimmen lasse. Losungen sind zum Beispiel Bleigießen, Apfelbrechen, Schalenwerfen, Pantoffelschleudern. Alle diese Schicksalslosungen erinnern an den germanischen Brauch des Runenwerfens, wobei man auch die Zukunft befragen wollte.

Eine besondere Fülle dieses Brauchtums beginnt in der Thomasnacht (21. Dezember). Es ist dies die sogenannte „Thamasnacht". Hier wurde vor allem im Bayerischen Wald das Prügelwerfen geübt. Um Mitternacht wurde ein Prügel auf einen Baum geworfen, meistens einen Zwetschgenbaum, und dabei gerufen: „Hund bell, bell, woher kommt der Hell." Bellte daraufhin ein Hund, so sollte das der Ort sein, woher der Geliebte kommt.

Auch der Weihnachtstag gehört zu den Rauhnächten. Die nächste Rauhnacht ist der Dreikönigstag. Nur an diesem Tag ist das Räuchern noch üblich. Durch die zwölf Rauhnächte versuchte man das Wetter zu bestimmen. Es wurden zwölf Zwiebelscheiben mit Salz bestreut und an einen passenden Ort gelegt. Ist das Salz naß, so ist im entsprechenden Monat feuchtes Wetter, bei trockenem Salz trockenes Wetter zu erwarten. Die Christnacht wurde als Januar bezeichnet.

Mit dem Rauhnachtssingen hat sich der Kranz des Singens und Sagens geschlossen, und die gemütvollste Zeit des Jahres hat ihren Abschluß gefunden. Mögen sich all diese Bräuche, die während der zwölf geheimnisvollen Winternächte geübt werden, auch in verschiedenen Formen abzeichnen, sie alle haben denselben tieferen Sinn:

Uraltes Volkstum hat ihnen Gehalt, die Heimat aber Wärme und Farbe verliehen.

Silvester und Neujahr

Joseph Schlicht

Silvesterabend im Bayerischen Wald

Obschon ein Bärenwinter unter den Stiefeln knirschte und glitzerte, so lag doch in einem volkreichen Marktflecken am Regenfluß die sämtliche Ortsbewohnerschaft an den offenen Fenstern; man horchte und spähte nach dem nächtlichen Neujahrssänger.

Und er kam auch, und zwar in jede Gasse: der biedere „Spatzerer", so lautete sein Spitzname. Er war ein Siebziger, trug auf seinem Rücken einen stattlichen angestammten Buckel, in der rechten Hand aber die mörderische Sicherheits-Hellebarde, denn er war der bürgerliche Nachtwächter. Zur Seite ging ihm sein schönstes Töchterlein, die „Spatzenliese". Die brauchte er notwendig, damit er ohne Familienverstöße und mit der gehörigen Amtshöflichkeit vor jedem Markthause seinen Neujahrswunsch in Gesang oder Spruch tadellos anbrachte.

Das war nichts Leichtes. Er mußte nämlich jedes Familienglied dienstlich wohlgesetzt angratulieren, den Säugling in der Wiege so gut wie den Herrn des Hauses. Und das tat der Spatzerer denn auch mit solcher Gewissenhaftigkeit, daß er selbst die kleinen Hosentrompeter als „Herrn" ansprach. Kam er vor Häuser mit vielnamigen Familien, so fragte er seine Liese zuvor um die verschiedenen Namen. Dabei gab es nette Zwiegespräche, die man stets belauschen konnte.

Spatzerer: „Wöi hoißn denn 'n Herrn Assessor seine Diandla?"
Spatzenliese: „Nesterl und Nellerl!"
Spatzerer: „Jessas, dö haben ja Nam as wöi d' Hund!"

123

Nach diesem hochklassischen Komplimente sang der biedere Spatzerer den beiden blühenden Mädchen seinen zierlichsten Neujahrswunsch. Die Mädchen hießen nämlich Ernestine und Petronelle; der Herr Assessor sah selbst zum Fenster heraus und lachte herzlichst zur Exklamation des Spatzerers.

Um den Spatzerer drehte sich in der Silvesternacht der ganze Marktflecken. Männlich wie weiblich war auf den eigenen Hauswunsch begierig und war er überstanden, dann klatschte und baste man: „Jetzt will ich noch sehen, was der Spatzerer sagt bei dem Haus und bei der Familie und bei der Strohjungfer!" Und richtig, sei es aus harmloser Unwissenheit, sei es in einem Zungenverstoß, sei es aus arger Tölpelei oder gar in einem Anfluge plötzlichen Witzes: der biedere Spatzerer titulierte bald in dieser bald in jener Gasse eine entblumte Marktschönheit als „Jungfrau", obschon sie drei und vier Rangen um sich hatte.

Allgemeines Gekicher und Gelächter waren natürlich jedes Mal die Folge. Umsonst schimpfte die geprangerte entblätterte Rose; es war geschehen. Aber schon vielleicht beim nächsten Haus erreichte den Spatzerer die Rache. Darin hauste möglicherweise eine kernfeste Handwerkersfrau mit vielen Kindern und wenig Geld, die dann wie eine Löwin zum Fenster herauswetterte: „I brauch dei Gschroi nöt!" Und der Spatzerer geriet nach und nach in Furcht und Zittern und wagte sich an mehrere Häuser gar nicht mehr. Aber damit stach er erst in's Wespennest. Andern Tags ging das Geföppel los: „Ihr seid mir die rechten, euch hat nöt einmal mehr der Spatzerer das Neujahr angratuliert!" Der Spatzerer mußte natürlich dann den bösen Brei auslöffeln.

Noch nicht genug. Die Baserei dauerte die ganze Neujahrswoche im Marktflecken fort: „Von dir hat er dös gsagt, von dir dös usw." Und nun kamen allerlei Verstöße zum Vorschein, Dummheiten, Tölpelstücke, ja selbst Ehrenkränkungen schwieriger Art.

Doch der biedere Spatzerer saß bereits daheim am warmen Ofen, ließ die böse Welt klatschen und grollen und tröstete sich mit seinem vollgespickten Geldbeutel. Nachdem er gut und schlecht die Silvesternacht mit ihrem heiklen Spruch und Gesang überstanden, trat er am Neujahrstage selbst in aller Form rechtens in die einzelnen Marktsfamilien dem Rang und der Reihe nach und erhielt nun von ihnen den Taler, Gulden, Halbgulden, Zwanziger und Zwölfer für seine schönen Neujahrsgratulationen.

Johann Peter

Ein Neujahrsbild

Im Böhmerwalde gibt es einen halbjährigen Winter, während auf die eigentlich schöne Jahreszeit nur vier bis fünf Monate kommen. Daher erklärt sich die Erscheinung, daß die Wäldler den Winter als lieben Gast begrüßen und sich in seiner Gegenwart recht wohl fühlen. Die schönsten Feste, reich an eigenartigen Bräuchen und Sitten, fallen in die herrliche Winterszeit, und das mag auch wohl einer der Hauptgründe sein, warum die Waldsöhne ihren Winter so sehr lieben. Und schön ist der Winter des Böhmerwaldes auch! So weit die Blicke gleiten: allum ein weites, endloses Schneefeld, aus dem die Dörfer mit ihren Kirchtürmen wie freundliche Oasen aus ungeheueren Wüsten herauslugen. Die dunkelgrünen Tannen- und Fichtenwälder stehen ernst und schweigend, keine Nadel bewegt sich, ruhig und stolz tragen sie die schwere Schneelast, die sich auf ihren Zweigen und Ästen angehäuft. Die Straße entlang ertönt helles Schellengeläute, Pferdegewieher, Kindersang und Hahnenruf, die Rauchfänge des Dorfes entsenden dichte Rauchqualme in die nebeldüstere Winterluft, hin und wieder verirrt sich ein eisiger Schneeball in eine Fensterscheibe, die dann mit hellem Klirren Schutz in der warmen Bauernstube sucht zum Ärger des Bauers.

Ja in der Bauernstube! Da waltet warmes, liebeverschöntes Leben! Vater und Mutter gehen stillvergnügt ihren Geschäften nach, die Spindeln schnurren, Haspeln surren, die Flammen purren, Mägde und Burschen jodeln und „feazln" (witzeln) um die Wette, und um den Großmutterstuhl stehen die Kinder, um sich vom „Christkindl" erzählen zu lassen.

So verleben die Böhmerwäldler den Winter in geselliger Freude und beglückender Liebe. Frohsinn und Zufriedenheit herrscht fast in jeder Hütte, das himmlische Band der Nächstenliebe verbindet und verschwistert das ganze Dorfvolk.

Schön und einfach-erhaben gestalten sich die Volksfeste im Böhmerwald. Ich sage mit Vorbedacht Volksfeste, denn solche sind alle kirchlichen und historischen Feste, die im Böhmerwalde gefeiert werden. Und obenan stehen ob ihrer romantischen Anmut und Ursprünglichkeit die Winterfestzeiten, die mit Allerheiligen eingeleitet werden, in den drei Weihnachtsfesten ihren Glanzpunkt erreichen und mit dem grünen Osterfeste ihren Abschluß finden. Zu den drei Weihnachtsfesten gehören nun die heilige Weihnacht, das Neujahr und die „Rauhnacht", das Dreikönigsfest. Und vom Neujahr soll hier die Rede sein.

Eingeleitet wird das Neujahr mit dem „Sylvesteromd". Der Sylvesterabend gehört zu den „Losnächten" des Böhmerwaldes, deren man allhier fünf kennt: die Allerseelennacht, die Andreasnacht, die Christnacht, die Sylvesternacht und die Dreikönigsnacht („Rauhnacht").

Die Sylvesternacht ist die schwächste Losnacht, während die „Rauhnacht" die stärkste ist. In der „Rauhnacht" verlegt die ganze Höllenbrut ihren Schauplatz auf die Erde, wo sie auf Kreuzwegen, Bergspitzen und Waldwiesen, in Schornsteinen und Ofenlöchern ihr grauenerregendes Unwesen treibt; in der Sylvesternacht hingegen hat man keine Hexereien zu fürchten, da kann man sich ganz unbesorgt dem Genuß der Freude und des Vergnügens hingeben, denn der Gründe gibt es genug, sich zu freuen: Das alte Jahr mit seinem Kummer und unerfüllten Wünschen sinkt in den Schoß ewiger Vergangenheit, während ein neues Jahr wie ein goldlockiges Christkindlein voll Hoffnungsreichtum in die Welt zieht. – Der Sylvesterabend gilt im Volke als der „zweite", „kleine" heilige Abend. Demgemäß muß er auch wie der heilige Abend gefeiert werden, freilich nicht so festlich wie sein Vorbild, sondern etwas einfacher. Der ganze Tag trägt Festtagsgepräge. Die Dirnen scheuern und bügeln, die Männer bereiten Holz und Häckerling, während die Bäuerin den „Zopf", den „Neujahrsstrizl" bäckt. Ohne „Zopf" gibt es kein Neujahr, das ist gewiß, und ein guter Zopf muß es auch sein: muß „morb" (mürbe) sein, muß „a Forb'" haben, muß „Weinbierl" (Weinbeeren) enthalten und muß „weiß" (aus weißem Mehl) sein. Das sind die hauptsächlichsten Anforderungen, die man an den Neujahrsstrizel stellt, und wo sich diese Anforderungen nicht verwirklichen, da gibt es ein Fluchen und Schelten. Nächst dem „Zopf" ist es die „Zwetschkenwoika" (Zwetschkenbrühe), welche zum Zopfe gegessen wird, und die ein zweites, unentbehrliches Sylvestergericht vorstellt. Der „Zopf" wird in die „Woika" „ei'g'woikt" (eingeweicht, weich gemacht), oder „ei'brockt" und gegessen. Als drittes Sylvestergericht prangen die „Liwanzen" auf dem Tische und den würdigen Abschluß bildet die „süße Suppe" (der Kaffee).

Senkt sich die letzte Nacht des Jahres nieder auf ihren schwarzen Thron, so beginnt die Arbeit des Hauses zu ruhen. Im festlichen Stübchen versammelt sich das Hausgesinde und wartet auf das Zeichen zum Gebet. Endlich fordert der Bauer die „Leut'„ auf zum „Beten". Bald knien alle an den Wandbänken herum und nun geht es an ein halbstündiges, mechanisch-gedankenloses, einschläferndes Beten, bis es schließlich einem „zu dumm" wird und die Bemerkung macht, daß die Seel' jetzt genug hätte und der Magen auch was möchte.

Das ist einleuchtend, und im Nu sitzt die ganze Gesellschaft beim „Sylvestermahl". Zuerst kommt der „Zopf mit der Zwetschkenbrühe"; der Bauer „brockt ein", die Mitglieder der Mahlzeit löffeln geschäftig drauf los. Auch die Haustiere, der Hausbrunnen, das Herdfeuer müssen mit einem Stück Zopf bedacht werden wie am heiligen Abend. So verlangt es der alte Brauch. Dann folgen aufeinander die „Liwanzen", auch „Riwanzen" genannt, die stark geschmalzen und gezuckert sein müssen und unsäglich schmecken, mitunter auch ein Apfelstrudel schließlich die „süaß' Kaffeesuppe".

Nach dem Essen gehen die jungen Leut' in den Dorfkrug, um bei der „Sylvestermusi" zu walzen und zu hopsen, um in Lust und Fröhlichkeit das neue Jahr zu begrüßen. Dabei äußert sich der Volkswitz, der Volkshumor und der Volksübermut in seiner ganzen, uroriginellen Kraft und Stärke: es kommt zu Szenen und Aufzügen, zu Mimen und Gebärden, daß das Zwerchfell des Zuschauers die bedenklichsten Erschütterungen mitmachen muß ob des vielen und herzlichen Lachens.

Während sich so die Jugend bei Tanz und Gerstensaft vergnügt, gehen Greise und Männer altmodischer Färbung hinaus in die klare Sternnacht, um zu „lusen", d. h. einen enträtselnden Seherblick in die verhüllte Zukunft zu werfen; denn die Sylvesternacht ist eine „Losnacht" und da kann man alles erfahren, was im neuen Jahre innerhalb der Familie und Blutsverwandtschaft sich ereignen wird. Die Weiber pflegen zu Hause das Bleigießen, das Schuhwerfen, Lichtlbrennen u. dgl. Losnachtsgebräuche mehr, um zu erfahren, ob im Hause ein Todesfall oder eine Hochzeit stattfinden wird.

Und auf diese Art verträumt man das alte Jahr, während das neue Kind der Zeit die müden Schläfer durch Kindergeschrei aus dem Schlummer wecken muß.

Noch liegt das Dörfchen im tiefen Schlafe, lieblich strahlt der Morgenstern am östlichen Himmel, der Schnee ist fest gefroren, es trägt der „Horscht", wie die Wäldler sagen. Da wandert eine lustige Kinderschar die Dorfstraße entlang von Haus zu Haus, von Stübchen zu Stübchen, Frohsinn in den Herzen, Rosen auf den Wangen und den Neujahrsspruch auf den Lippen. Jetzt treten sie ein in eine Bauernstube, wo der Bauer sich noch im Bette streckt. Nur die Bäuerin ist wach und empfängt freundlich die jugendliche Gesellschaft. Endlich erschallt es im Chore:

„I winsch a nui's Jahr,
A Christkindl mit kraus'n Hor,
An guidaran Tisch –
In niadn Eck an brodna Fisch,
In da Mitt a Glasl Wei'(n),
Daß der Herr und d' Frau
Recht lusti konn sei'(n)!"

Dieses Neujahrssprüchlein ist unter den zahlreichen andern das allgemeinste, denn man findet es mit geringen Abweichungen in ganz Deutschland und Deutschösterreich; es ist dem natürlichen Bedürfnisse entsprungen, Freunden und Bekannten ein gutes, neues Jahr zu wünschen, denn ein solches begehrt wohl Jedermann. Und daß es gerade die Kinder sind, die im „Neujahrswünschen" herum gehen, erklärt sich daraus, daß Kinder, wenn sie am Neujahrsmorgen zuerst die Erwachsenen begrüßen, Glück für's ganze Jahr bringen, was auch bei den Männern der Fall ist, während alle Weiber Unglück mit sich bringen. Deshalb werden die Kinder von den Bauersleuten freundlich empfangen und mit reichlichen Gaben bedacht. Lärmend und plaudernd geht es dann weiter, bis das „ganze Dorf angewunschen" ist. Nun geht es an die Gewinnstverteilung.

Am Neujahrsmorgen ist alles festlich und freudig gestimmt: Jedermann gibt sich den schönsten Hoffnungen für die Zukunft hin, jedermann deutet das Neujahr zu seinen Gunsten. Festlich wird geschmaust, der Schweinsrüssel bildet ein ständiges Neujahrsgericht auf dem Böhmerwaldtisch, er darf am Neujahrstage unter keiner Bedingung fehlen! Und Nachmittag gibt es im Wirtshause ein großes Trinken und lustiges Lärmen, daß es weithin durch's ganze Dorf schallt. Freude und Frohsinn sind die zwei beseligenden Engel, die mit dem neuen Jahre in die Welt schweben, und wir wünschen, daß sie während des ganzen Jahres nicht verdrängt werden von den Furien: Trauer und Leid!

Drum Glück auf zum neuen Jahr, Du biederes Böhmerwaldvolk!

Siegfried von Vegesack

Die Neujahrsbläser

Das sind die Neujahrsbläser,
Sie gehn von Haus zu Haus,
Und blasen, und blasen
Das alte Jahr aus.

Vermummt bis an die Nasen,
Die Backen rot, die Backen rot,
So stehn sie da und blasen
Das alte Jahr tot.

Das hat nichts mehr zu sagen,
Und stirbt ganz stumm, und stirbt ganz stumm,
Und wenn die Glocken schlagen,
Dann ist es um, dann ist es um.

Die Bläser aber tuten
Dem Neuen Jahr zum Preis,
Dem bösen oder dem guten, –
Von dem man noch nichts weiß.

„Ihr Heiligen Drei Könige"

Georg Britting

Die Könige sind unterwegs

Der Schnee fiel schon seit Stunden, dick und fett und weiß, und so war nicht zu sehen, ob es Kartoffelfelder waren, die sich da hindehnten, ob Weizensaat hier keimte oder junger Roggen, vielleicht waren es Wiesen, weil ja alles weiß war, gleichmäßig weiß, wattebauschig weiß. Ein Dorf, nicht fern, das sah aus, als habe ein großmächtiger Maulwurf einen überschneiten Berg aufgewühlt, und vielleicht würde er, der unsichtbare schwarze Pfotenschaufler, den Berg noch höher wölben, immer höher, immer höher! Und es fiel Schnee, das würde nimmer aufhören heut, morgen auch nicht, vielleicht übermorgen, wenn überhaupt je. Wahrscheinlich lief neben der Straße ein Straßengraben. Aber zu sehen war er nicht, so war er angefüllt mit Schnee.

Drei Männer kamen die Straße daher, und es war wunderbar genug, daß sie immer noch die Straße unter den Füßen hatten, sie wußten auch nicht genau, ob es immer noch die Straße war, vielleicht gingen sie schon längst querfeldein. Bis an die Knie reichte ihnen der Schnee, und besonders Balthasar, der Neger, litt unter der Kälte, und sein roter Mantel hätte besser zum gelben Wüstensand seiner Heimat gepaßt (wie war sie fern!), als zu dieser weißen Winterlandschaft, aber er ging unverdrossen hinter Kaspar und Melchior drein. Kaspar hatte einen langen, spitzen Bart, weiß wie der Schnee, und trug einen schwarzen Mantel, der geräumig um ihn wogte, und Melchior war bartlos und faltenfrei im Gesicht, und sein Mantel war gelb, und um die

Hüften herausfordernd eng geschnitten. Sie gingen im Gänsemarsch, einer trat in die Fußstapfen des anderen, und da zeigte es sich, daß der Neger die kleinsten Füße hatte von den dreien, denn seine silbergeflochtenen Schuhe hätten gut zweimal Platz gehabt in den tiefen Gruben, die seine Vorgänger traten. Und einmal machte es ihm Spaß, das zu versuchen, in einer Grube Fuß vor Fuß zu setzen, Silberschuh vor Silberschuh, und so stehen zu bleiben. Wie komisch der schwarze Mantel Kaspars sich blähte!

So gingen sie und sahen manchmal zum Himmel auf. Der war nicht zu sehen, nur Schnee sah man herunterfallen, aber der Himmel war schon noch da, o ja, unerschütterlich, der Himmel, denn sie sahen den Stern: zwar nur laternenklein, zartrosafarbig war er, ein Sternlein nur, winzig im schwarzgrauen Flockenfall, aber er war da, war noch da und führte sie. Das Dorf, das Maulwurfsdorf, blieb auch schon zurück, und sie gingen immer weiter, und Balthasar schüttelte den Rotmantel, ihn von der Schneelast zu befreien, und der spitzbärtige Kaspar blies in die erstarrten Hände, sie aufzutauen, und der dicke Melchior stampfte mit den Füßen, weil sich an seinen Absätzen Schneeballen bildeten und zu Eis wurden, was das Gehen erschwerte.

Zur linken Hand an der Straße, wenn es noch die Straße war, auf der sie gingen, stand ein starker Baum mit vielen Ästen, knorrigen und lustig verdrehten, und als sie bei ihm waren und wieder einmal zum Himmel aufschauten, war der Stern schon noch da, der Rosastern, aber er glühte plötzlich stark auf, wie ein riesiges Katzenauge, funkelte, es war zum Fürchten, einen Augenblick lang waren Baum und Himmel und der unendliche Schnee rosarot, weithin alles rosarot, dann erlosch er, war weg, wirklich, er war weg, fort, und der Schnee wieder weiß. Der Mohr im roten Mantel schrie: „Habt ihrs gesehen?" Sie hatten es natürlich alle drei gesehen, blieben alle drei unterm Baum stehen. „Dann muß es hier sein, irgendwo in der Nähe", sagte Kaspar, „aber wo?" „Wir warten hier", entschied Melchior.

Sie ließen sich unter dem Baum nieder, breiteten eine Decke aus auf dem Schnee und setzten sich und hüllten sich fest in ihre Mäntel, daß sie waren wie drei merkwürdige Vögel, ein blutroter, ein rabenschwarzer und ein gelber. Sie sprachen nichts, der Schnee fiel lautlos, und der junge Balthasar wiegte den Krauskopf hin und her, immer hin und her, daß die goldenen Ringe an seinen Ohren klirrten. Dann hielt er den Kopf ruhig, die Ohrringe schwiegen, da war nur mehr der lautlose Schnee.

Wahrscheinlich waren sie eingeschlafen und erwachten von einer Stimme, die sie anrief, und sie wachten alle drei gleichzeitig auf, und da stand vor ihnen ein Mann, der hatte einen grauen Bart, grau wie das Fell des Esels, den er am Zügel führte, und auf dem Esel saß eine Frau. Das Tier schnappte mit weichem Maul nach dem roten Mantel des Mohren, und der Mann fragte: „Ist hier kein Dorf in der Nähe? Es wird Abend, und wir sind müd und suchen ein Unterkommen." So fragte der Mann, und Balthasar, der ihn scharf beobachtete, bemerkte doch nicht, daß sich irgend etwas bewegt hätte in dem Gesicht des Fragers. Denn, wenn auch seine Lippen vom Bart bedeckt waren, hätte man doch diesen, den Bart, sich rühren sehen müssen, oder die Wangen sich heben, oder die Nasenflügel, aber das alles geschah nicht. Das Gesicht des Mannes blieb still und unbewegt, auch während er sprach; Balthasar verwunderte sich und stand auf, und da standen die beiden anderen auch auf, und Kaspar sagte: „Da hinten ist ein Dorf, eine halbe Stunde zurück, und ihr werdet dort schon finden, was ihr sucht!"

Der Mann nickte dankend, und die Frau nickte, und der Mann trieb den Esel an, der den roten Mantel ungern aus dem Maul ließ, und dann verschwanden Mann, Frau und Tier im Schneetreiben.

Balthasar dachte darüber nach, ob wohl seine beiden Gefährten es auch beobachtet hätten, daß der Graubart mit stummen Lippen hatte reden können, und wollte sie fragen, da sagte Kaspar: „Sie sinds!" – „Wer?" fragte Melchior. „Wer?" fragte Balthasar und rieb an seinem Mantelärmel, der feuchtwarm war von der Eselmaulnässe.

„Sie sinds!" wiederholte Kaspar und bekam ein ganz frommes Gesicht. Balthasar schrie wütend: „Sie sinds! Sie sinds! Ein Mann war es und eine Frau und ein Esel! Aber wir suchen doch ein Kind!" Der zornige Mohr drehte die Augen, daß man das Weiße sah. Und plötzlich wie flehend, sagte er mit leiser Stimme: „Ein Kind doch suchen wir!"

„Ihr habt nicht gesehen", fragte Kaspar, fragte es sanft und lächelte dem Neger ins Gesicht: „Ihr habt nicht gesehen, daß die Frau gesegneten Leibes ist?"

Der Mohr wurde selig bleich, Melchior fing mit der Hand eine Schneeflocke und hielt sie wie eine Hoffnungstaube, und der weiße, scharfäugige Kaspar fragte: „Habt ihr eure Geschenke bereit?"

Und sie holten aus den Manteltaschen Gold in blanken, runden Stücken, würzige Hölzer und Öle in kostbaren Flaschen.

Sie setzten sich wieder, im Schneewirbel, und vor ihnen lagen die Geschenke im Schnee, und die Flocken tanzten darüber, aber keine einzige ließ sich darauf nieder, nicht eine, und sie glänzten unberührt, bis sie zuletzt in einer Mulde lagen, wie in einer Schneeschüssel mit weißen Schneewulsträndern.

Die drei Könige saßen die ganze Nacht, sie froren nicht, sangen leise Lieder vor sich hin, Balthasar ein seltsam verschnörkeltes, afrikanisches, Kaspar ein brummendes, dumpfes, und Melchior sang auch, aber nicht schön, und lachte dazwischen, und sie sangen und erwarteten den Morgen.

Der kam, die Sonne kam, es schneite nicht mehr, der Baum glänzte im Licht, und aus der Tiefe der Schneeschüssel leuchteten die Geschenke. Sie nahmen sie an sich, und Kaspar rief: „Jetzt zu dem Dorf!"

Sie drehten um, Kaspar voran, dann Melchior, dann der schwarze Balthasar im roten Mantel, und nahmen die Richtung auf das Maulwurfsdorf, das sie gestern gesehen hatten.

Und der plattnasige Mohr, der jüngste der drei, fast ein Knabe noch, blieb plötzlich in einer Fußstapfe stehen, Silberschuh vor Silberschuh, weil ihm wieder eingefallen war, wie der Graubart gestern hatte reden können, ohne daß sein Gesicht sich rührte. Wenn sie jetzt auf ihn trafen, wollte er sich das genau betrachten.

Joseph Schlicht

Heiligendreikönig

Die sogenannten Viehpatrone Leonhard und Wendelin sind im
Bayernlandl die größten Volkslieblinge; aber dann kommen
gleich König Kaspar, Melcher und Baldhauser. Auf ihren Hoch-
festtag freut sich besonders das arme Bübl. Es pflanzt sich auf im
Dorf und schnoppert mit der Nase rund herum; zu jenem
Küchenfenster, aus welchem ihm der Bratenduft in die Nase
steigt, rudert es ungesäumt und singt mit seinem dreisten Joch-
geierstimmlein die heiligen drei Könige an:

> Die heilin drei Kini san hochgeborn,
> Sie reitn daher mit Stiefel und Sporn.
> Sie reitn dem Herodes für sei Haus,
> Da Herodes schaut zum Fenster heraus:
> „Kehrts ein, meine Herrn, kehrts ein bei mir,
> Ich will euch geben Wein und Bier,
> Ich will euch geben Stroh und Heu,
> Ich will euch haltn zehrungsfrei!"

Mit dem Zeremoniell bei Hof haben diese Dreikönigsverse nichts
zu schaffen; das treuherzige bayerische Landvolk hat dieselben
gedichtet. Die unglaubliche Gutmütigkeit! sogar dem finsteren
Henker von Bethlehem, dem Herodes, weiß sie noch eine gemüt-
liche Seite abzugewinnen. Schaut er doch beim Anritte der mor-
genländischen Könige so menschenfreundlich zum Fenster heraus, etwa gar in Hemdärmeln und seine Pfeife schmauchend. Und
einladet er die Ankömmlinge fast so herzig wie ein bayerischer
Tafernwirt. Und wen sollte das nicht inniglich freuen, daß der
Herodes sich sozusagen schon anschickt, um seinen braven Gästen aus Morgenland einige frische Kellermaßerln aus seinem
Hofbräuhaus zu Jerusalem vorzusetzen. Und zehrungsfrei sind
die heiligen drei Könige auch noch, damit sie ja all ihr Gold dem

Christkindl opfern können! Für so christlich wie in Bayern wird der Herodes ganz gewiß nirgend anderswo in der Welt mehr gehalten.

Aber unsere bayerischen Wirte schauen das Dreikönigslied geschäftsmäßig an. Sie schütteln über König Kaspar, Melcher und Baldhauser den Kopf und hängen ihnen den schalkhaften Spottvers an:

Die heilin drei Kini mit ihrem Stern,
Die ess'n und trinka und zahln nöt gern.

„Aufgschaut, die Heilindreikinibuam!" So schreit, hüpft und rennt in einer Hofmark des bayerischen Vorwaldes die lärmende Kinderwelt. Und richtig, da kommen sie auch von Haus zu Haus: drei der Werktagsschule entwachsene Rangen sind's. Hosen und Stiefel sind kernbayerisch, die Obergewänder zeigen sich schon ein wenig morgenländisch. Mit roten Schärpen gegürtet, das Mohrenhemd zumal schillert schwarz-weiß gestreift, sämtliche drei Königsgesichter sind mit bayerischem Ofenruß und Zimmermannsrötel so morgenländisch wie möglich zurecht gepinselt, auf den Köpfen wackeln rote Papierkronen mit Halbmond, Kreuz und Zacken. Anstatt der Heilindreikinirosse haben sie drei drohende hagenbuchene Knüppel.

Ins Hausflötz getreten, singen sie schandenhalber doch ein klein wenig was vom heiligen Dreikönigslied, aber dann plärren sie alsbald den letzten und Haupvers:

Die Schlüssel hören wir schon klingen,
Drei Batzen werden wir doch erringen!
Wird aber ein Sechser oder Groschen daraus,
So schlagen wir ihn auch nicht aus.

Diese heiligen drei Könige stehen gerade in den Flegeljahren. Das einzige an ihnen ist wahr: daß ihrer drei sind. Sonst paßt nichts mehr. Anstatt zu beschenken, wollen sie beschenkt sein. Sie sind weder Könige noch Heilige; letzteres gewiß am allerwenigsten. Ja, vom Melchior heißt es geradewegs, daß er der größte Spitzbube des ganzen Dorfes ist. Und wirklich, in diesem Augenblick schneidet der gekrönte Morgenländer mitten in den nachstürmenden Kinidertroß hinein eine mustergültige Fratze, was weder besonders königlich noch heilig ist. Doch, um auch bösen Buben gerecht zu sein: wenn sie den Dreibätzner nicht bekommen, geben sie sich auch mit dem Groschen zufrieden.

Ein Wrack altes geistliches Bühnenspiel! Doch was im Knabenscherze zur Posse entartet, das bleibt in Mädchenrollen noch immer anmutig. In meist ganz lieblichen Terzgängen sangen an Heiligendreikönig im Jahre 1870 zwei Mädchen aus dem Aitrachland:

Auf, auf, Jackl, auf vo deina Ruah!
So schlaf do nöt so lang!
Die heunti Nacht geht's narrisch zua:
Wir hör ma a gwaltrisch Gsang.

Da Bua mit'n Flügln singt varo,
Die andern singa ihm drein;
Er moant, er is im Himmi scho,
Nix Schöners bild't er ihm ein.

O liaba Bua, du moanst as guat:
Mach uns a bisserl a Boh
Und führ uns hi, wo's Kinderl ruaht,
Wir bet ma's ja heili o!

Die zwei kleinen ländlichen Heiligendreiköniginnen, die am Dreikönigstage das Weihnachtsereignis vorsangen, waren aus Limbach und Krottenthal. Gefragt: „Wer hat euch denn den schönen Gesang gelehrt?" versetzte die Sängerin der Oberstimme alsogleich: „Mei große Schwesta."

Nicht so anmutig konnte es der alte struppige Hüatveichtl von Sandsbach. Der trottelte am Dreikönigstag herum von Haus zu Haus und sang mit seiner patriarchalischen Kalbstimme hinein:

Die heilin drei Kini san hier a hoia (heuer).
Behüat uns Gott vor Wassa und Foia
Und vor allerhand Toia!
So weit da heilin drei Kini kimmt,
Daß koa Haus und koa Stadl wegbrinnt!

Der Hüatveichtl sang seinen Dreikönigsvers und man warf ihm zum Fenster heraus in seinen zerwetterten Hut den Groschen oder den Krapfen.

Auf Lichtmeß zu – Ausklang der Weihnachtszeit

Johannes Linke

Ein Christbaum wird versteigert

„Geh, tummel dich, Girgl!" rief der junge Schmied, der mit einer Gruppe Burschen und junger Männer am Osl-Häusel vorüberkam. „Schleun dich ein wenig, alter Häuselmann! Meinst, die Rammelsreuther warten mit der Christbaumverlosung, bis du ausgeschlafen hast?"

„Ich komm schon!" schrie es hinter den zerbrochenen, mit Pappdeckeln ausgeflickten Fenstern der morschen Holzhütte.

In der tiefverwehten Hohlgasse holte der Rupert-Girgl die Schar ein.

„Ein Sauwetter!" schimpfte er. „Heut zum Steffelstag, wo die Leut ausmarschieren wollen! Eine Lumperei ists!"

Es schneite dicht in großen, schweren Flocken. Eben wurde die Abendkirche ausgeläutet.

Durch den hohen Schnee, den es in den beiden letzten Tagen über das vereiste Land geworfen hatte, stapften die Männer langsam gegen die Tredlinger Höhe hinan.

„Die lumperten Wege haben sich jetzt aufgehört!" sagte der Schmied. „Jetzt wird eine Straße gebaut, das sag enk ich!"

„O mein, o mein!" höhnte der Rupert-Girgl, „das erleb ich nimmer!"

„Eine Straße wär schon recht", meinte der Gregori-Toni zögernd. „Längst sollte schon eine Straße sein – aber mein: das Geld halt!"

„Sollte man halt das Höllbauerngold haben!" lachte der Haigl bitter.

„Ja, das Höllbauerngold!" Da hatten sie ihr unerschöpfliches Gespräch. Sie malten sich aus, wie es hätte sein können, wenn ein Bergwerk in Gang gekommen wäre, wie sie alle einen sicheren Verdienst und ein gemütliches Leben mit täglichem Fleisch und Bier haben würden, wenn, ja wenn!

Der Bladerer-Peter schloß sich ihnen an, und der Hoferlschreiner, der von seiner Einöd über die Wiesen herüberstieg, winkte ihnen mit seinem Hakelstecken zu.

Ja, das Höllbauerngold! Es ging ihnen nicht aus dem Sinn. Es wäre ein neues Leben geworden, ein Herrenleben!

„Ich glaub überhaupt nichts mehr!" sagte der Schreiner verächtlich. „Zuerst kommt der Aufkäufer und macht mordsgroße Bestellungen: nichts ist! Hernach kommt der Herr Oberamtmann und will uns Hölzernen helfen: nichts ist! Auf die Letzt heißts, der Höllbauer grabt ein Gold: wieder ists nichts!"

„Zusammenschlagen könnt ich die ganze Welt!" schimpfte der Rupert-Girgl erbittert. „Was hat ein Mensch als wie ich überhaupt noch vom Leben? Da schafft man als notiger Häuselmann mit seinem Weib für den Bauern, grad daß man die Herberg hat und das Essen und ein paar Bifel Erdäpfel mit Kraut. Ich will ja gar nichts sagen gegen den Osl. Er ist gar nicht zuwider. Wenn man nur grad noch ein bissel Arbeit hätt! Wenigstens hundert Kochlöffel des Tags, wenn man anbrächt! Ich weiß gar nicht, wie die Leut die Suppen rühren heutzutags, wenn sie keine Kochlöffel mehr kaufen!"

„Die Haxen nehmens jetzt dazu!" kicherte der Haigl.

Sie wateten miteinander in dem Flockengeriesel durch den tiefen, weichen Schnee. Gegen vier langten sie am Rammelsreuther Wirtshause an, das mit seinem steilen Dache und dem geschnitzten hölzernen Umgang friedlich und wohlhäbig unter den mächtigen, uralten Linden ruhte.

In der weiträumigen getäfelten Stube saßen Männer um die Tische, rauchten, schnupften, nahmen einen Schluck, besprachen, einander zunickend, die Not der Bauernschaft und der Landarbeiter und klopften mit den Füßen oder den Handballen den Takt zu der Musik mit, die zwei Geiger und ein Lautenschläger aus dem Marktflecken zur Unterhaltung spielten.

Als die Würmbacher eintraten, wurden sie schon mit Stichelrufen empfangen.

„Ruckts auf die Seiten! Die Goldgraber kommen! Die halten uns heut die ganze Nacht zechfrei!"

„Ists wahr, Schmied!" rief ein hünischer Bursche, der mit aufgeknöpfter Hemdbrust den neuen Gästen entgegen ging, „daß die Würmbacher alles Heu und Stroh auf die Gassen werfen, damit sie einen Platz für ihr Gold kriegen? Hast deinen Stadel schon voll?"

„Ja, freilich haben wir unser Heu ausgeräumt", sagte der Rupert-Girl giftig, „heut auf die Nacht fahren wirs noch hierher, damit daß die Rammelsreuther Ochsen eppes zum Fressen haben!"

Jetzt schauten die Rammelsreuther scheel, aber einer flüsterte den Musikanten etwas zu, sie nahmen ihre Instrumente auf und strichen und zupften feurig drauflos, und alles, was in der Stube war, außer den Würmbachern, stimmte ein:

„Was hilft denn dem Seemann sein Geld, hoidrio,
Wann es ihm ins Wasser fällt!"

Alle lachten und waren zufrieden. Aber die Würmbacher, die nur zu gut den Hohn aus dem Liede herausgehört hatten, standen gereizt neben der Tür und erwogen, ob sie nicht besser ihr Geld in einem andern Dorfe vertun sollten. Da aber trat der glatt rasierte Wirt in seinem altväterischen blauen Schurz auf sie zu, wischte sich das lange, vorspringende Kinn, schüttelte einem jeden die Hand und hieß sie willkommen.

„Ein bisserl ein Gespaß muß halt sein!"

Damit brach er den Spottreden die Giftspitze ab: die Spötter schwiegen, und die Verspotteten suchten sich einen Platz.

Kümmerlich und verloren stand der Christbaum hinten an der Wand. Es war die dürftigste Fichte, die sie weitum hatten finden können. An den wenigen vorsprießenden Zweigen, deren Nadeln schon zu verdorren anfingen, hingen die Geschenke, die mit ein paar raschen Blicken gemustert waren.

Die Musikanten spielten auf, ein Weihnachtslied und einen Marsch und wieder ein Weihnachtslied und wieder einen Marsch, die Wirtin trug Bier auf, und die Männer suchten nach harmlosen Gesprächen. Trotzdem rührte sich im Verborgenen ein Zorn, der jeden Augenblick losbrechen konnte. Sie alle waren verdrossen über die harten Zeiten, über die geringen Preise, die sie erhielten und über die hohen Preise, die sie zahlen mußten, über den Mangel an Arbeit und die schweren Steuern; und wie es so oft in

Zeiten allgemeiner Not geschieht, suchte jeder seinen Ärger am andern auszulassen. Die Würmbacher mußten zuerst herhalten. Der Simmerl von Schwarzenreut, der in guter Deckung hinter dem langen Tische an der Wand saß, schürte die Glut.

„Ich, wenn ein Würmbacher wär, ich tät mich überhaupt nicht aus dem Dorf heraustrauen. Schämen tat ich mich!"

Ein anderer Schwarzenreuter sprang ihm bei.

„Wos eppes gibt, ein jedesmal ists ein Würmbacher, anders geht's einmal nicht. Raufen tuns, wos hinkommen, ihre Schuldigkeit zahlens nicht, in fremde Dörfer gehns und ziehen über die Dirndl ein …!"

„Und wo einer gehaut wird", gab ihm der Rupert-Girgl mit schneidender Stimme zurück, „ein jedesmal ists ein Schwarzenreuter, anders geht's einmal nicht!"

Nun legte auch der Bladerer-Peter los.

„Und ich, wann der Simmerl wär, ich tät den ganzen Winter in der Äpfelkammer liegenbleiben und tät Äpfel fressen und Äpfel scheißen! Das ist gesund! Hab ich nicht recht, Manner?"

Der nächtliche Besuch der Würmbacher und Lichtenwarter Burschen in der Mägdekammer beim Simmerl wurde allen, die noch nichts davon gehört hatten, lang und breit erzählt, und alle lachten kräftig über den Bauern, der sich in seiner eigenen Obstkammer von den Fensterlgängern hatte einsperren lassen, so daß der Simmerl es bitter verwünschte, daß er die ganze unrühmliche Begebenheit wieder aufgerührt hatte.

Mit einem Mal wurde es still. Dünn und hell klingelte das Gebetsläuten durch die Wirtsstube. Der Graßl-Ludwig, der Rammelsreuther Wirt, zog vom Getreideboden aus das Seil des Firstglöckleins, das nun mit schwacher Stimme den Englischen Gruß ausbrachte.

Die Männer taten ihre Kappen ab und legten ihre Tabakspfeifen weg. Für zwei Minuten ruhte aller Hader, aller Spott und Zorn, und die Herzen erfüllten sich mit der Sehnsucht nach ewiger Seligkeit.

Dann schwang die Glocke zum letzten Mal, die Männer wünschten einander einen guten Abend, setzten ihre Kappen wieder auf, griffen nach Rauchzeug und Maßkrug und spannen die abgerissenen Gespräche wieder an. Um den rötlich trüben Brand der Öllampen wölkten die blauen Schwaden des Tabakrauchs. Die Musikanten spielten den Holzhackermarsch.

„Fangts endlich an mit enkerer Versteigerung!" schrien ein paar Burschen.

Da stieg der Graßl-Andree, der Bruder des Wirts, in seiner Feuerwehruniform, den Messinghelm über den Kopf geschnallt, auf einen Stuhl und stieß dreimal kurz in ein Feuerhorn.

„Meine Herren!" rief er im Befehlstone, „wir freuen uns, daß ihr allezsamm gekommen seid zu unserer Christbaumverlosung, und weil wir das Geld, was eingenommen wird, zu unserer Fahne gebrauchen. Zwegen dem und überhaupt versteigern wir unsern Christbaum amerikanisch. Was geboten wird, muß zahlt werden, weil es für einen wohltätigen Zweck gehört. Und aus diesem Grunde, weil jetzt Weihnachten gewesen ist, darum so singen wir jetzt miteinander zuerst die heilige Nacht! Und, meine Herren, seids fein nicht neidisch, damit daß gehörig eppes zusammenkommt!"

Er sprang vom Stuhle herab, die Musikanten nahmen ihre Instrumente auf, und alle sangen mit breiter Stimme.

Der Feuerwehrkommandant trat an die kärgliche Fichte und sägte mit einem Fuchsschwanz den untersten Zweig ab. Er streckte ihn hoch. Ein Päckchen Schmalzler hing daran, eine Zuckerstange und ein Lebzelten.

„Da schauts her, Manner!" schrie der Kommandant. „Tuts bieten!"

„Ein Zehnerl!" riefen zwei zu gleicher Zeit. Sie mußten beide den Betrag ihres Angebotes in die Blechbüchse werfen, die der einarmige alte Gemeindediener umtrug.

„Zwanzig Pfennig!"

„Und ein Fünferl!"

„Und noch einmal ein Fünferl!"

„Vierzig Pfennig!"

„Und ein Fünferl weiter!"

Die Geldstücke klapperten in die Büchse.

„Fünfundvierzig zum ersten! Fünfundvierzig zum zweiten …!"

„Um ein Fünfzigerl gehörts mein!"

Die Silbermünze fiel. Höher bot niemand. Ein Rammelsreuther Bauer bekam den ersten Zweig. Er versenkte die Zuckerstange und den Lebzelten bedächtig in seine Rocktasche, riß die Schmalzlertüte auf und nahm ein ordentliches Schnüpfel.

„Sachsendiholt! Das ist ein Guter!"

Die Nebenmänner, die sich auch eine Prise herausgriffen, stimmten laut in das Lob ein.

„Da hört ihrs selber, Manner!" rief der Graßl-Andree. „Lauter gute Sach haben wir an userm Baum hängen. Tuts bieten!" Er hob das nächste Ästel empor, das mit einer Tabakspfeife und drei Klebebildchen behangen war.

Das Gebot begann wieder mit einem Zehnerl und stieg bis zu fünfundsiebzig Pfennigen. Die Feuerwehr machte gute Geschäfte. Ast um Ast wurde abgeschnitten. Zigarren, Rosenkränze, Sacktüchel, Rauchtabak und Zuckerwerk lockten. Die Zweige, die jetzt zum Ausgebot kamen, konnten schon leicht mit dem Sackmesser abgeschnitten werden. Alle boten, und wenn sie eine Maß Bier weniger trinken konnten, es war alles gleich. Die Christbaumverlosung ging halt gar zu schön. Nur die Würmbacher, so oft es ihnen auch in Fingern und Lippen zuckte, schlossen sich in einer stillschweigenden Abwehr vom Bieten aus.

„Zuerst tuns uns foppen!" sagte der Schmied und zündete sich eine Zigarre an, „und hernach möchtens unser Geld! Mir steigts am Buckel nauf!"

Die Würmbacher waren alle der gleichen Meinung. Es fiel ihnen schwer, aber sie hielten durch. Nur das mit Perlmutt eingelegte große Schnappmesser, das oben an der Spitze schwankte, stach ihnen in die Augen. „Das muß uns gehören! Das lassen wir keinem andern!"

„Tuts bieten, Manner!" schrie der Kommandant heiser. Seine Stimme war schon ganz ausgelaugt. „Tuts bieten, wer ein Mann ist!" Er schwenkte einen Zweig, der eine Kerze und drei Zigaretten trug, durch die Luft. „Tuts bieten, Manner! Natürlich die Würmbacher, die neidischen Kröpf, die knocken auf ihrem Gold und lassens nicht luder!"

„Halt deine Fotzen, Andree!" schrie der Rupert. „Wir bieten, wann wir mögen, hast mich gehört?"

„Was willst denn du mir, du notiger Häuselmann?"

„Das bin ich! Solls ein jeder wissen!"

„Du Ketzer! Du Ehebrecher!"

Der Rupert fuhr in die Höhe und griff nach seinem Messer.

„Wart, Großschädel, rotziger!"

Der Hoferlschreiner packte den Rupert am Handgelenk und zog ihn wieder auf seinen Platz nieder.

„Halt dich stad, Girgl! Das tut kein gut!"

Auch der Wirt mischte sich ein. Mit seinen silbernen Ohrringen und den Talern auf der Weste glänzte er wie ein Bild aus alter Zeit. „Heut am heiligen Steffelstag wird bei mir nicht gerauft! Das hätt grad noch gefehlt! Schau, Andree, daß du weiterkommst mit deiner Christbaumverlosung!"

„Alsdann, Manner, tuts bieten! Das ist ein Astel! Schauts her! Eine Mundharmonie! Drei Markl ists wert, wenns glangt!"

„Fünfundzwanzig Pfennig!"

„Und ein Fünferl weiter!"

Der Würmbacher Schmied stieß seine Dorfgenossen an: „Wär eigentlich nicht zuwider, der Fotzhobel! Sollt man derschier bieten!"

„Nichts ist!" schimpfte der Haigl. „Denen Lumpen auch noch unser gutes Geld hinwerfen! Das Messer steigern wir uns, sonst nichts!"

Ast um Ast, Zweig um Zweig ging ab, die Musikanten spielten dazwischen einen auf, mitunter wurde auch eins gesungen. Maßkrüge wurden aufgetragen und geleert, die Schädel wurden immer heißer, die Reden immer lauter. Mit dem Christbaum wurde auch die Weihnachtsstimmung verschnitten, daß kaum mehr ein kahler Strunk davon übrigblieb.

„Tuts bieten, Manner! Jetzt geht's auf die Letzt! Tuts bieten!"

Eben hatte sich der Simmerl von Schwarzenreut eins der obersten vier Kreuzsprössel ersteigert, das der Kommandant mit einer Baumschere, auf dem Tisch stehend, abgezwickt hatte. Mit sichtlicher Befriedigung trug Simmerl sein dürftiges Zweiglein, an dem zwei Zigaretten hingen, weit vorgestreckt durch die Stube und warf dabei den Würmbachern einen verächtlichen Blick zu. Da fuhr der Schmied geschwind mit einem brennenden Zündholz unter dem dürren Zweige weg, versengte den Faden und fing die niederfallende Zigarette mit der anderen Hand auf. Der Simmerl, der in seinem Schrecken meinte, die Nadeln hätten schon Feuer gefangen, warf den Zweig mit der zweiten Zigarette fort, gerade dem Hoferlschreiner ins Gesicht.

„Gelts Gott!" rief der ihm zu. „Gelts Gott hunderttausendmal für die Spreizen!"

„Da, Girgl, rauch du sie!" sagte der Schmied und reichte dem Rupert die erbeutete Zigarette. „Du kannst sie leichter vertragen als der Äpfelfresser!"

„Überhaupt", wandte sich der Bladerer an den verdutzten Bauern, „das Spreizenrauchen, hab ich gehört, ist ungesund. Friß du lieber deine Äpfel!"

Und schon bliesen der Schreiner und der Rupert dem hilflosen Simmerl ihren Rauch ins Gesicht.

„Das ist eine gute Marke, Simmerl!" sagte der Schreiner und strich sich den Schnauzbart. „Dafür bet ich dir auch einmal einen Rosenkranz, bald du gestorben bist."

„Das, das ... das ist deneter ... ja was ... was ist denn das?" stammelte der Schwarzenreuter, aber er fand nirgends Mitgefühl. Alles lachte über den gelungenen Streich.

„Ich komm auch zunächst einmal zu deinen Dirnen ins Kammerfenster!" lachte ihm der Haigl hinterdrein.

Nur der Graßl-Andree stimmte nicht in das Gelächter ein. Ein galliger Groll hatte sich in ihm gegen die Würmbacher eingefressen, die sich um seine Versteigerung gar nicht bekümmerten.

„Ich bin der Kommandant von der Feuerwehr!" schrie er und spritzte seinen Speichel durch die Zähne. „Ich kann das nicht gedulden, wenn hier gelichtelt wird. Anzeigen werd ich dich, Schmied!"

Der Schmied blitzte ihn aus seinen grauen Augen an. „Du bist ein Narrischer!" Damit kehrte er ihm offenkundig den Rücken.

Die beiden letzten Spitzentriebe gingen ohne rechten Anteil ab. Nun starrte nur noch der kahle Stamm mit dem Schnappmesser an der höchsten Spitze. Die Würmbacher spannten. Das in Perlmutt schillernde Messer hatte es ihnen angetan. Das wollten sie zur Erinnerung heimbringen.

„Tuts bieten, Manner, tuts bieten!" rörte der Andree.

„Zwanzig Pfennig!" rief ein Rammelsreuther.

„Und ein Fünferl!" keuchte der Weißen-Franz aus Tredling.

„Noch ein Fünferl!" brüllte ein Schwarzenreuter Bursch.

„Ich gib vierzig Pfennig!" rief der Rammelsreuther Schuster.

„Und ein Fünferl drauf!" lachte der Wesse-Alfons, „weils gleich ist!"

„Fünfundvierzig Pfennig sind boten!" stellte der Kommandant mit versiegender Stimme fest. „Tuts bieten, Manner!"

Es schien keiner Lust zu haben, noch höher zu gehen. Die Würmbacher warteten.

„Fünfundvierzig zum ersten! Fünfundvierzig zum ..."

„Ein Fünfzgerl, und mein solls gehören!" sagte der Schmied rauh.

„Da schau einer an!" schimpfte der Graßl-Andree von seinem Stuhle herunter. „Um ein lumpertes Fünfzgerl will ein Würmbacher, ein Würmbacher, Manner! das schöne Messerl forttragen! Das wird nicht geduldet! Tuts bieten!"

„Ein Fünferl weiter!" schrie ein Rammelsreuther.

„Fünfundfünfzig zum ersten ... Fünfundfünfzig zum zweiten ..." Der Bladerer-Peter hieb mit seiner hürnenen Tabaksdose auf den Tisch. „Sechzig Pfennig!"

Der Graßl nahm einen tiefen Schluck aus seinem Maßkrug.

„Ein Würmbacher, Manner! Ein Würmbacher hat boten!"

„Und wenn ich ein Würmbacher bin!" fauchte ihn der Peter mit seiner hohen Stimme an. „Geht's epper dich eppes an? Unser Geld gilt akrat soviel wie das enker! Ists nicht so?"

„Tuts bieten, Manner! Für einen Würmbacher ist uns das Messer schon lang zu schad!"

„Gib ich halt fünfundsechzig!" warf ein Rammelsreuther Bauer ein, „daß eine Ruh wird!"

„Fünfundsechzig sind boten! Fünfundsechzig zum ersten ... Fünfundsechzig zum zweiten ... Fünf ...!"

Der Hoferlschreiner hatte seine Zigarette ausgedrückt. Die Glut schien in seine dunklen Augen übergesprungen zu sein.

„Fünfundsiebzig!"

Alle, die sich um die Versteigerung nicht mehr bekümmert hatten, ließen ihre Karten und Gespräche und wandten sich nach dem Tische der Würmbacher neben dem abgeholzten Fichtenstamm um.

„Der Herr Hoferlschreiner aus Würmbach hat fünfundsiebzig Pfennig geboten!" höhnte der Kommandant.

„Zuerst greint er, weil wir nicht bieten, und hernach, wo wirs tun, ists ihm auch nicht recht! Du kommst schon einmal in unser Dorf! Wart, Bärner!"

„Sei stad, Schreiner! Tuts bieten, Manner!"

Es machte keiner mehr ein Gebot. Der Graßl-Andree war wütend. Er schmierte sich die ausgeraspelte Kehle mit einem kräftigen Trunk, donnerte den Maßkrug auf die Tischplatte und kreischte:

„Das gute Messer wollts ihm lassen, dem Rotzbankerten?"

Der Schreiner lachte nur behäbig und blieb sitzen. Der Rupert-Girgl sprang auf und stieß drohend seine Faust gegen den Verloser:

„Wart, Lump, jetzt glangts! Großschädel!"

Er drängte sich zwischen dem Schreiner und dem Bladerer durch und langte nach seiner Messertasche. Der graue Peter stieß ihn in die Hüfte: „Hör halt auf!" Der Rupert blieb stehen.

„Aber mir glangts nicht!" schäumte der Kommandant. „Tuts bieten, Manner! Fünfundsiebzig sind boten!"

„Dann biet ich halt neunzig Pfennig!" rief endlich der Schwarzenreuter Wirtssohn.

Ein allgemeines Gemurmel hob an. „Sakra, sakra! Neunzig Pfennig! Das ist einmal nobel!" Neugierig schauten sie auf die Würmbacher, was sie wohl tun würden. Die rührten sich zunächst nicht, nur der Rupert sagte mit einer maßlosen Verachtung:

„Wart, du Judas, dir zeig ichs! Hab dich eh schon lang auf der Muck!"

Der Kommandant rief aus, so schnell er nur rufen konnte:

„Neunzig zum ersten! Neunzig zum zweiten! Und neunzig …"

Ruperts scharfe Stimme schnitt ihm das Wort ab.

„Ein Markl! Und gar ists!"

Er stand wie ein Raubtier auf dem Sprunge und warf dem Einarmigen geringschätzig das Geldstück in die Büchse. Die meisten Trinker waren aufgestanden und sahen gespannt dem Endkampf zu. Jetzt wurde es kitzlig.

„So ists recht, du Ketzer!" stammelte der Wirtsbruder und gab sich Mühe, seine Erregung niederzuzwingen. „Da geht wenigstens eppes ein!"

Der Wirt, der die erhitzten Gemüter ein wenig beruhigen wollte, winkte den Musikanten zu, sie sollten eins aufspielen. Sie langten nach ihren Instrumenten und spielten und sangen dazu durch den beizenden Tabakrauch und die brünstige Ofen- und Menschenhitze das alte Weihnachtslied:

„Es ist ein Ros entsprungen
Aus einer Wurzel zart.
Wie uns die Alten sungen,
von Jesse kam die Art …"

147

Eine Anzahl Burschen und Männer fiel mit biergestärkten Kehlen ein:

„Und hat ein Blümlein bracht.
Mitten im kalten Winter
Wohl zu der halben Nacht."

Der Rupert funkelte seinen Gegner erbittert an: „Was ists mit dem Messer?"

Während die Musikanten versuchten, sich mit der zweiten Strophe Gehör zu verschaffen, schrie der Kommandant: „Tuts bieten, Manner! Ein Markl ist boten! Tuts bieten!"

„Geh, hör auf!" rief der Weißen-Franz, „ein Markl ist Sach genug. Dafür darfst es ihm geben!"

Der Andree zitterte. Er stürzte den Rest seines Bieres hinter und behielt den Maßkrug in der Hand.

„Der Rupert kriegts nicht, der Ketzer elendige! Tuts bieten, Manner!"

Aber jetzt bot keiner höher.

„Hör auf! Gibs ihm halt!"

„Tut keiner bieten? Ein Markl ist alls zuwenig. Dafür behalten wirs uns selber!"

Der Rupert stand wie angefroren. Aus einer eisigen Ferne kamen seine Worte:

„Gehört das Messerl mein?"

Dem Kommandanten lief der Speichel aus den Mundwinkeln: „Einen Dreck gehörts dein!"

„Alsdann!" Der Rupert war glutrot geworden und schoß zwei oder drei Schritte vor, versetzte dem Andree einen scharfen Stoß in die Kniekehlen, daß er vom Stuhle herabstürzte, und griff dem Taumelnden nach der Gurgel. Alles drängte nach den Raufenden hin. Aber sie ließen sich nicht auseinander bringen. Der Andree hielt seinen Maßkrug von grauem Steingut hoch erhoben und lauerte auf einen günstigen Augenblick. Da ließ der Girgl, der sich bedroht fühlte, den andern los und riß sein feststehendes Sackmesser aus der Scheide. Der Andree holte mächtig aus. Der Häuselmann stieß ihm die Klinge zwischen Hals und Rippen in die Brust, und im selben Augenblick brach ihm der Steinkrug übers Hirn, daß er zerkrachte. Lautlos sackte der Rupert zusammen, während der Feuerwehrkommandant unter dem Schmerz des Stiches wahnsinnig aufgellte und dann wimmernd den herbeistürzenden Kameraden in die Arme sank. Sie trugen ihn behutsam hinauf ins Bett, während zwei Burschen schleunigst nach dem Marktflecken aufbrachen, um den Arzt zu holen. Indessen lag der Rupert, kaum zuckend, auf der Diele. Alles, was sein Magen barg, hatte er herausgebrochen. Sein Gesicht war fast unkenntlich. Anfangs wagte sich keiner an ihn heran. Aber dann rief ein Rammelsreuther Bauer:

„Soll epper der Kerl da liegenbleiben? Möchte einem ja derschier das Bier nimmer schmecken!"

Das leuchtete einem jeden ein. So schleppten ihn ein paar beherzte Holzhauer in die Bierkammer hinter auf die Bank. Ob er noch lebte oder schon gestorben war, wer mochte das wissen? Lange hatte er das Leben jedenfalls nicht mehr.

Dann machte sich einer auf den Weg zum Pfarrer, während die andern schon wieder miteinander scherzten.

Der abgezauste Christbaum stand trostlos im trüben Lampenschimmer.

Der Würmbacher Schmied stieg auf den Tisch und schnitt das Messer herunter.

„Der Rupert hats von Rechts wegen gesteigert. Das gehört sein. Und weil er schon selber nicht heimgehen kann, brings halt ich seiner Alten."

„Recht hast, Schmied!" brummte der Bladerer-Peter. „Was soll denns Messerl da noch? Tät höchstens die Polizei noch beschlagnahmen. Wär schad dafür! So ein schönes Messer!"

Allgemach verebbte die laute Erregung. Die Gespräche schäumten angeregt dahin, es wurde getrunken und geschnupft und geraucht, die Musikanten spielten wieder, die Männer stimmten ihre rauschigen Lieder an, und alle grölten lachend und prustend, was ihnen der Wessen-Alfons vorgesungen hatte:

„Der Rupert-Girgl liegt im Sterben
Und hat den Schädel voll Maßkrugscherben! Juchuh!"

Und dann kam der Herr Pfarrer mit den allerheiligsten Sterbesakramenten, und der Herr Doktor kam, und die Polizei kam: aber für den Rupert-Girgl kamen sie alle zu spät.

Gottfried Kölwel

Der Sebastiansmarkt

In die Zeit des Winters fiel jedes Jahr der Sebastianstag. Es war dies ein besonderer Feiertag meiner Heimat, dem Schutzpatron der Friedhofskirche geweiht. Die Sebastianskirche lag inmitten des Gottesackers breit auf einem Berg und schaute mit ihrem schmalen, niedrigen Turm wie eine im Nest sitzende Glucke auf die Häuser des Ortes herab, als warte sie mit ewigem Gleichmut darauf, alle Einwohner unter die Flügel der Erde zu sammeln.

Aber die Lebenden dachten vorerst noch nicht an den Tod, und so war dieses Fest, obgleich der heilige Sebastian selbst ein Märtyrer und von schmerzlichen Pfeilen durchbohrt war, eigentlich ein Tag der Freude, an dem in der Marktstraße, von der Pfarrkirche fast bis zu den letzten Häusern hinab, ein bunter Jahrmarkt abgehalten wurde.

Was für ein schöner, entzückender Jahrmarkt das war! Wie da zwischen den beschneiten Häusern die bunten Buden dastanden! Ach, was es da alles gab! Dinge, klein und unscheinbar vielleicht für manchen Erwachsenen, aber für uns Kinder Dinge des Verlangens, Dinge der Sehnsucht. Nicht die Schuh- und Stoffstände, nein, die interessierten uns nicht, aber die Zuckerstände, wo die kleinen Leckerbissen schlaraffisch zu Bergen aufgeschüttet waren, die umstanden wir mit verlangenden Augen, mit warmen, um unsere Münzen geklammerten Händen.

Schade, daß man nicht alles kaufen konnte! Denn da gab es neben der süßen Schokolade den würzigen, sogenannten Bärendreck, eine Art Lakritze, in feste Stangen getrieben, da gab es schwarze, rote und gelbe Gummizuckerschlangen, die man von den Zähnen bis fast zu den Zehen dehnen konnte, bevor man sie verschlang. Magenbrot gab es und türkischen Honig und – ja nicht zu vergessen, ganz niedliche Limonadefläschchen mit Saugröhren, denen unsere ganze Zuneigung gehörte.

Waren diese zwerghaften Fläschchen auch nur mit gefärbtem Zuckerwasser gefüllt, uns schien der Inhalt doch köstlicher als das köstlichste Getränk. Das Fläschchen so in der hohlen Hand zu halten und am Röhrchen zu saugen, mitten unter der treibenden Menge des Volkes so am Quell der Süßigkeit zu hängen, diese Lust ist wohl keinem ganz zu erklären, der nicht selbst einmal ein richtiges Kind gewesen ist.

Wie oft nahmen wir das Fläschchen aus der Hand, wie oft hielten wir es zwischen den Fingern gegen das Lieht, um zu prüfen, wie viel des bunten süßen Wassers noch im Fläschchen stand: wie wenn wir das bunte Leben selbst hätten beobachten wollen, ob es in seiner Fülle bei jedem Zug wohl schon wieder um einen Strich gefallen sei ... Jedenfalls, intensiver hätten wir auch an dieser Beobachtung nicht hängen können, als wir am Fall der Limonade interessiert waren.

An diesem Tag des Jahrmarktes also, an dem man weder an die Pfeile des heiligen Sebastian dachte noch das Sinken des süßesten Inhaltes im Fläschchen traurig nahm, an diesem Tag der märchenhaften Freude, an dem wir uns nur bezaubern ließen, ereignete sich folgendes: Meine Mutter hatte das Geld, das durch die vielen an diesem Tag herbeigekommenen Kunden im Laden eingegangen war, in die Stube hinausgetragen und es hier auf einem Tisch geordnet. Es war der sogenannte weiße Tisch, unter dem, hinter Vorhängen verborgen, das Nähzeug lag. Der Tisch stand in der Nähe des Fensters; da es damals nur wenig Papiergeld unter dem Volk gab und so die Landleute alle mit Gold und Silber zahlten, glänzte es auf der Tischplatte von all den ausgebreiteten Münzen bald derart, daß meine Mutter ein Tuch nahm und das abgezählte Geld zudeckte.

Wir Kinder sollten wohl diesen verlockenden Glanz nicht allzu deutlich sehen, wir kümmerten uns auch gar nicht weiter um das verhüllte Geld und waren deshalb erstaunt, als die Mutter nach einiger Zeit beim Nachzählen des Geldes ein Goldstück vermißte. Sie zählte wieder und immer wieder, aber die Summe stimmte nicht mehr. Die Mutter blickte auf den Boden hinab, sie schaute auf das Fenstergesims, nach dem Eßtisch, nach der Kommode, auf das Schreibpult des Vaters, aber nirgends lag das Goldstück.

Da kam, zur seitlichen Küchentür, die sich nur langsam öffnete, eine Frau herein, vorsichtig und etwas scheu. Sie hatte die

Hände unter ihrem Schurz verborgen und ging gebückt. Es war die alte Heilerin, die eben vom Jahrmarkt kam und dort mehr angeschaut als gekauft hatte. Denn sie hatte wenig Geld, es ging ihr nicht gut, und die Sorge für ihre Kinder hatte ihr schon vorzeitig den Rücken gebeugt. Aber rechtschaffen war sie und treu und gut bis in das Herz hinein. Ich hatte sie gern, zumal sie stets überaus freundlich zu mir war und ihr jüngster Sohn mit anderen Kindern oft zum Spielen zu mir kam. Da bauten wir aus Würfeln des Steinbaukastens die kühnsten Bogen und Burgen, dann wieder eröffneten wir eine Krämerei mit allerlei Leckerbissen, mit gedörrten Zwetschgen, getrockneten Birnen und kleinen Zuckerstücken, wir legten auch Hunderte von Bildchen auf dem Kanapee aus und bestaunten all die bunten Farben und feinen Spitzen, die um die Bilder herumliefen, manchmal würfelten wir auch, um unsere bleiernen Pferde auf der papiernen Rennbahn so rasch als möglich zum Ziel zu bringen, wir teilten unsere Freuden und waren deshalb um so fröhlicher vom Morgen bis zum Abend. Der kleine Hans, ein stiller, manchmal sogar scheuer Junge, bei dem die Augen mehr verrieten als der Mund, mußte oft von seiner Mutter geholt und im Dunkel der beginnenden Nacht heimgebracht werden, so sehr hing er wie ich an allen Freuden des kindlichen Spiels.

Nun aber zog seine Mutter die Hände unter dem Schurz hervor und trat vor meine Mutter hin. „Das kann doch nicht sein", sagte sie. „Mein Hans sagt, Sie hätten ihm das Geld für den Jahrmarkt geschenkt." Dabei hielt sie der Mutter auf der zerfurchten Arbeitshand – ein Goldstück entgegen.

Welch ein Erstaunen und zugleich welch eine Verwirrung! Denn niemand konnte sich erklären, wie der kleine Hans, dieser stille Junge, zu diesem Geldstück gekommen sei. Wohl, er war mit mir auf dem Jahrmarkt gewesen und hatte unverwandt das kleine Limonadefläschchen betrachtet, das ich mir gekauft hatte. Ja, er war mir nicht mehr von der Seite gewichen, um dieses kleine Wunderstück mit seinen großen Augen zu bestaunen. Wie darin der bunte Saft fiel, Strich um Strich, das schien auch ihn unverwandt zu interessieren. Also war er kurz mit mir in unsere Stube gekommen und hatte hier unter dem Tuch das abgezählte Geld entdeckt.

„Mein Gott!" jammerte seine unglückliche Mutter immer. „Woher der Bub nur die Unglückshand hat! Gleich nach einem

Goldstück auszugreifen!" Ganz untröstlich war sie über ihr Kind und ließ es sich nicht nehmen, den kleinen Hans herbeizuschleppen, damit er Abbitte leiste.

Merkwürdig war es nun, daß Hans eigentlich gar nicht recht ahnte, was er angerichtet hatte. Wohl, das war ihm trotz seiner Jugend klar, daß er, als er mit mir in die Stube kam und unbeachtet unter das Tuch auf dem Tisch blickte, überhaupt nichts hätte nehmen sollen; deshalb heulte er auch, daß die Tränen ganze Bahnen in sein nicht mehr recht sauberes Gesicht zogen; aber die großen, wertvollen Münzen, die Silberstücke hatte er ja liegen lassen und in seiner kindlichen Einfalt geglaubt, das Goldstück wäre nur ein blinkender Pfennig, ein Pfennig, wie man ihn dem Handwerksburschen schenkt.

Wohin allerdings dieser Pfennig führen sollte, was für ein Verhängnis hinter diesem an sich harmlosen Diebstahl stand, das ahnte zu dieser Stunde niemand. Weder meine Mutter ahnte es noch die Frau Heiler, und ich ahnte es ebenso wenig, was noch am selben Tag geschehen sollte.

Der kleine Hans sollte einfach bestraft werden, so dachte die Mutter des Jungen, und sie wollte ihn deshalb gleich nach Hause bringen, damit er vor seinem Vater Rechenschaft stehe.

Der alte Heiler war ein an sich guter Mensch, der ebenso wie die Heilerin den Jungen liebte und nichts sehnlicher wünschte, als daß aus dem Knaben später einmal ein tüchtiger Mensch werde, der sich vor allen Gefahren des Lebens zu bewahren wisse. Gerade deshalb, weil der Vater sein Kind liebte, war er auch stets streng darauf bedacht, es von allen Abwegen schon frühzeitig abzuschrecken. Wenn der Junge nun etwas anfing, so konnte der alte Heiler, wie das bei solchen streng und gerecht denkenden Menschen oft der Fall ist, plötzlich furchtbar aufbrausen. Er brauste um so mehr auf, als er sonst verhältnismäßig sehr still war, bekam einen roten Kopf und hieb auf den Jungen ein, als könnte er mit Schlägen alles Böse endgültig aus ihm austreiben. Er war nun einmal so, der alte Heiler, er konnte und wußte es nicht anders und tat alles in der Meinung: so müsse es sein.

Das wußte der kleine Hans, und so blieb er, während er mit der Mutter durch die winterliche Gasse, zwischen den verschneiten Häusern dahinging, etwas hinter ihr zurück. Er sah vor sich auf den Boden, auf dem der Schnee lag, aber er sah den Schnee kaum;

er beachtete auch kaum die Spatzen und Emmerlinge, die sich da und dort um die auf der Straße liegenden Pferdeäpfel scharten, und kümmerte sich nicht um ihren jähen Aufflug. wenn er an ihnen vorüberkam; auch die Eisblumen an manchen Fenstern schien er nicht zu sehen, ihn schien überhaupt nichts mehr zu interessieren, was er sonst manchmal mit aller Aufmerksamkeit betrachtete und verfolgte. Er sah, wie gesagt, nur immer vor sich hin und schien etwas zu überlegen.

Da nahm seine Mutter ihre Hand aus dem warmen Schal und griff nach seiner Hand, um ihn neben sich herzuführen. Eine Weile ging Hans auch mit. Dann aber mußte ihn die Mutter immer mehr ziehen, und als sie sich zu ihm wandte, er möchte doch schneller gehen, blieb er völlig stehen. Er blieb einfach stehen und war nicht mehr vom Platz zu bringen. „So geh doch", sagte seine Mutter wieder. „Du frierst dir ja die Füße an." Doch Hans ging nicht weiter. Er richtete nur seinen Blick zu den Augen der Mutter empor, wie wenn er sie bitten wollte, ihn doch hier auf der Straße zu lassen. Nur nicht heim, nur nicht heim zum Vater!

„Was mußt du auch gleich stehlen", sagte da seine Mutter. „Noch dazu in einem fremden Haus! Diese Schande!"

Sie wickelte ihre Hände wieder etwas in den warmen Schal und wollte weitergehen. Aber da sah sie, daß Hans ihr nicht mehr folgte, und im nächsten Augenblick. als sie wieder nach seiner Hand ausgreifen wollte, sprang Hans plötzlich von ihr weg und fing zu laufen an. Er lief der Mutter davon, gerade in der entgegengesetzten Richtung der elterlichen Wohnung. So rasch lief er, daß ihn seine Mutter, die ihm nacheilte, gar nicht mehr erwischen konnte. Es schien in dem Jungen eine Eile zu sein, die ihn geradezu beflügelte. Die Mutter mußte immer wieder stehen bleiben, um richtig auszuschnaufen, oft sah sie ihn gar nicht mehr, wenn er gerade um eine Hausecke bog, und hatte zu tun, ihn wenigstens wieder in Sicht zu bekommen.

Während sie, immer mühsamer, ihm so nachlief, merkte sie, daß er durch eine enge Gasse aus dem Ort ins Freie hinaustrachtete. So schlug auch sie diesen Weg ein. Er führte mitten in die weiten Wiesen hinaus, die über und über mit Schnee bedeckt waren. Der Schnee war hier so tief, daß man bis über die Knöchel, oft bis zum Knie einsank. Dabei schien er uferlos, denn der Schnee lief hinter den Wiesen auf den Berg hinauf, immer weiter, scheinbar bis in den Himmel hinein. Er lag auf allen Bäumen und Hecken, auf Felsen und in Mulden, überall lag Schnee.

Nur ein einziges schwarzes Band zog sich durch all dieses Weiß, das war der Fluß; jener Fluß nämlich, der sich in vielen Windungen fast wie eine Schlange dahinzieht. An manchen Stellen war zwar auch er bereits weiß geworden; denn er war, obgleich im großen und ganzen ziemlich offen, doch an manchen Stellen zugefroren.

Über die verschneiten Wiesen dahin, auf eine solche überfrorene Stelle zu, lief nun der kleine Hans, als er auch hier im Freien die Mutter hinter sich bemerkte. Er lief auf das Eis zu wie auf eine Brücke und wollte, das erkannte die Mutter, den Fluß überqueren, um ihr so ganz bestimmt zu entkommen.

Die Mutter sah nun die nahe, drohende Gefahr und blieb deshalb mitten in der verschneiten Wiese stehen. Wie ein festgerammter, dunkler Klumpen stand sie inmitten von all dem uferlosen Weiß. Sie rief ihrem Kind zu, doch um Gottes willen nicht über den Fluß zu laufen. „Das Eis ist ja ganz dünn, wie leicht kannst du einbrechen!"

Aber Hans kümmerte sich nicht um die Rufe der Mutter; in seiner Hast sah er es auch nicht mehr, daß die Mutter stehen geblieben war und ihn nicht mehr verfolgte. Nein, er sah nichts mehr als die Eisbrücke vor sich, die ihm förmlich zuzurufen und ihn zu locken schien: Komm, komm, du bist leicht, dich trag ich schon; gleich bist du drüben!

So hörte er auch nicht mehr seine Mutter, als sie ihm fortwährend zurief: „Hans, so bleib doch stehen! Ich versprech es dir! Der Vater soll nichts erfahren, er wird dir gewiß nichts tun! Hans ... Hans ...!"

Doch so sehr die Mutter in ihrer Not auch rief, der Knabe lief in den Fluß hinein, über das Eis. Er lief mit derselben Schnelligkeit wie auf der Wiese. Er schien keine Gefahr zu kennen.

Fast atemlos stand nun die Mutter da. Es war plötzlich eine ungeheuere Stille um sie, eine Stille wie aus Glas, in der sie jeden, auch den fernsten Laut hören zu können glaubte. Schon meinte sie aufatmen zu dürfen, weil sie nichts hörte als den leichten Schritt des Kindes auf dem Eise.

Nun wird er also doch über die Gefahr hinwegkommen, dachte sie.

Aber im selben Augenblick hörte sie ein Bersten, Reißen, sie konnte es vor Schrecken kaum deutlich unterscheiden, denn da sah sie schon, wie ihr Kind auf dem Eise ausgeglitten und hingefallen war.

Durch den tiefen Schnee der Wiesen, der ihren Schritt hemmte, stampfte die Mutter dem Fluß zu. Sie keuchte vor Anstrengung, aber sie mühte sich vorwärts mit aller Gewalt. Manchmal fiel sie mehr vor sich hin als sie sich selbst bewegte.

Denn je näher sie dem Fluß kam, desto deutlicher wurde es: Das Eis war eingebrochen, der Knabe schrie um Hilfe und suchte sich an den Eisschollen festzuhalten.

Als die Mutter aber den zugefrorenen Fluß betrat, um ihrem Kinde Hilfe zu bringen, da krachte es rings um sIe. Es krachte so furchtbar, daß sie im ersten Augenblick gebannt und gehemmt stehen blieb. Von ihren Füßen aus liefen Risse nach allen Seiten, sie schossen wie unheimliche Blitze unter ihr weg.

Jetzt war der Fluß, auf dem sie stand, nicht mehr bloß ein vereistes Wasser, es war der leibhaftige Tod, der auch ihr von allen Seiten entgegendrohte. Wie ein gefletschtes Gebiß schienen die Brüche des Eises aufzugeben.

Aber die Mutter, die ihr Kind am Rand des eingebrochenen Eises hängen sah, achtete gar nicht mehr auf ihre eigene Gefahr. Sie wußte: Wenn Hans vom Wasser unter die Eisdecke getrieben wird, ist er verloren! Da hatte sie plötzlich vergessen, daß das Kind gestohlen hatte, sie hatte vergessen, daß Hans vor ihr geflüchtet war, alles hatte sie vergessen. Also mißachtete sie alle Gefahr und stürzte, blindlings fast, auf dem Eise vorwärts, der eingebrochenen Stelle zu. Wieder krachte es, wieder fletschte der eisige Tod sein Gebiß. Aber die Stelle, an der sie plötzlich einbrach und in das Wasser stürzte, war gar nicht so tief, als sie geglaubt hatte. Kaum bis zur Brust ging ihr das Wasser. Sie hatte die Arme frei, faßte ihr Kind, hob es und brachte es ans Ufer.

Während dies alles draußen am Fluß geschah, ging drinnen im Ort das Leben unverändert weiter. Die Leute drängten über den lauten Jahrmarkt, eins schob das andere vor sich her. Es waren viele Mütter und Kinder unter ihnen, und sie lachten und freuten sich. Die Orgel des Karussells ertönte, mancher süßen Gummischlange wurde der Kopf abgebissen, manche Lakritzenstange wurde verschluckt. Der Mann mit den kleinen Limonadefläschchen stand mit rotem glücklichen Gesicht vor seiner Verkaufs-bude. Das Geschäft ging gut heute, denn fast alle Kinder wollten so ein Fläschchen haben, um am Röhrchen zu saugen und dabei beobachten zu können, wie der rote Saft im Glase sank.

Auch ich war wieder auf dem Markt, als ich davon hörte, was draußen am Fluß geschehen war. Mit anderen Kindern lief ich sofort an das Haus, wo die Heilerin wohnte, aber da wir hörten, daß Frau Heiler sowohl als der kleine Hans im Bette lagen, um sich zu erholen und aufzuwärmen, blieben wir draußen auf der Straße stehen.

Viele Menschen sammelten sich bald vor dem Hause an und besprachen die mutige Rettung. Was doch heute am Sebastianstag geschehen war! Damals konnte ich es wohl noch nicht ganz be-greifen, aber ich fühlte, daß sich etwas Außergewöhnliches, fast etwas Wunderbares ereignet hatte.

Wir Kinder begaben uns am selben Tag noch gegen Abend hin-aus an den Fluß, um die Stelle zu besehen, wo sich alles zugetra-gen hatte. Deutlich verfolgten wir im Schnee die kleinen und großen Spuren, die zum Flusse führten, und am Fluß selbst sahen wir das zerborstene Eis, das eingebrochene Loch. Es klaffte wie ein schwarzes Auge, wie ein Blick aus der Tiefe.

Still schauten wir auf dem Heimweg gegen den Friedhofsberg, wo die geduckte Sebastianskirche noch immer wie eine wartende Glucke dasaß. Aber sie saß da mit gehemmten Flügeln und ver-ging, wie vor Enttäuschung, immer mehr im wachsenden Nebel der nahen Nacht.

Albert Vierling

Das Wurstsuppenfahren

Das alljährlich im Winter, gewöhnlich zwischen Weihnachten und Fastnacht, vorkommende Schlachten der für den Haushalt gefütterten Schweine, wozu sich in größeren Häusern öfters auch ein junger Ochse, da und dort der „Kuchelbub" genannt, gesellt, bildet für die ganze Familie ein Fest. Das Fest dehnt sich aber noch weiter aus, es finden sich am Schlusse der Schlachterei noch unangesagte Gäste ein, die in die „Wurstsuppe fahren" wollen. Da begegnet Nachmittags der Tochter des Hauses, die schnell über die Straße läuft, um noch für die Würste das nöthige Gewürz zu holen, wie von ungefähr des Nachbars Fritz und fragt sie schüchtern: „Na, dürfen wir denn heut in die Wurstsupp'n fahren?" „Ach, wir essen unsre Würst' schon selber!" „O, ihr Geizkrägen" erwidert schließlich der Bursche und damit scheint die Sache abgethan. Allein die abweisende Antwort ermuntert den Jüngling nur noch mehr und er sucht nach Genossen und Genossinnen, bis eine richtige Kompanie beisammen ist. In irgend einem Hause wird „sich angezogen", d. h. es wird die Vermummung vorgenommen, ohne welche eine echte Wurstsuppenfahrt nicht abgeht. Je einfacher desto besser. Die Röcke umgekehrt, ein alter Rathsherrenhut oder ein Dreispitz für die Burschen, ein altes Wams oder Shawltuch der Urgroßmutter für die Mädchen, dann ein seidenes Tüchel vor's Gesicht, so wird abgefahren. Die Hauptsache aber besteht immer in den Gefäßen, die für die Suppe und die Würste mitgenommen werden. Womöglich nimmt Jedes einen recht großen und recht alten Hafen oder gar ein großes Schaff mit sich. Der Kochlöffel darf endlich in der Hand von Keinem fehlen.

So setzt sich der Zug in Bewegung, möglichst ruhig, doch mit schlecht verhaltenem Kichern der Mädchen. Am liebsten ist es der Gesellschaft nun, wenn sie die Familie, welche „geschlachtet hat", überrascht, und dies kommt häufig so, weil gerade die spröde Tochter oder ein Sohn eine Pforte offen läßt. Außerdem muß geräuschvoll Einlaß begehrt werden. Da entspinnt sich nun schon ein Wortkampf, der Hausherr oder die Hausfrau erklärt polternd und zankend, so ein Gesindel könne sie nicht brauchen, weiß Gott wer da käme, worauf ganz keck erwidert wird, a bissel a Supp'n, a Wurst und an klein Knochen dürften sie schon hergeben, das wäre eine Sünde, wenn's nicht geschähe und dergleichen mehr, und dabei wird von den Wurstsuppenfahrern mit den Kochlöffeln in den Häfen so heftig herumgerührt, als sie nur können. Allmählich wird die Stimmung der Hausfrau eine freundlichere, die junge Welt vom Hause hat schon Versuche gemacht, die Vermummung zu entfernen und plötzlich steht dieser junge Vetter oder jenes junge Bäschen mit entblößtem Gesicht da, freilich sich pustend über diese Keckheit. Und da spricht dann der Hausherr oder die Hausfrau: „Ja Babett, Du bist's! Ja wenn wir das gewußt hätten, na da geht doch rein und eßt ein Löffel voll Wurstsupp'n!" Nun sträubt sich die Gesellschaft, sie könne doch nicht, nachdem man sie so „geschändet hat", und das Zureden ist nun am Hausherrn. Kurz und gut, das Wortgeplänkel mag länger oder kürzer dauern, das Ende vom Lied ist: man geht in die Stube, demaskirt sich und findet die Tische schon sauber gedeckt. Ohne viel Worte zu machen setzt man sich und läßt sich die frischen Leberwürste, die saftigen Blutwürste mit den vielen „Speckeln", die Bratwürste mit Meerrettich oder Senf trefflich munden. Den Schluß macht dann eine kolossale Schüssel mit Kraut und Knöcheln. „Na, Lisabeth", meint Nachbars Fritz, „jetzt giebts soviel und Nachmittags hätten wir gar nicht kommen sollen!" „Na ja", erwiderte die rasch gefaßte Lisabeth, „wer lang fragt, der geht lang irre!" „So, das wollen wir gleich sehen, geh nur her und tanz' mit mir!" Und was will die Tochter des Hauses machen, sie tanzt mit Fritz und nach ihnen tanzen die anderen, sei es nach einer Geige und einer Gitarre, nach einer Ziehharmonika oder nach einem Klavier. Wer gern tanzt, dem ist gut pfeifen. Mögen es nun die Melodien der Spieler oder die saftigen Würste machen, die Herzen werden weicher und die Zungen geschmeidiger, man vertraut sich manches an, was außerdem noch lange im untersten Schlupfwinkel des Herzens verborgen hätte liegen müssen, und so wurde manche Wurstsuppenfahrt schon zu einer recht glücklichen Brautfahrt.

Nicht so schön ist das Wurstsuppenfahren, wenn dazu von der „schlachtenden" Familie förmliche Einladungen ergangen sind, oder wenn die kredenzten Gerichte über das, was vom Schlachten gewonnen wird, hinausgeht und wenn z. B. wegen dieses oder jenes Herrn, der keine Würste mag oder vertragen kann, ihm Rehbraten oder dergleichen gegeben werden muß. Kann man es doch der Hausfrau oder deren Töchtern nicht zumuten, am Abende des Schlachttages, wenn sie recht müde sind, noch für diese oder jene an sich noch so berechtigte Eigenthümlichkeit, für dieses oder jenes Sondergelüste Sorge zu tragen. Bis die Würste fertig und die Schinken eingesalzen, bis die armen Leute, die „ein bissel Wurstsupp'n und ein Würstel" als alte Schuldigkeit geradezu verlangen, versorgt sind, bis der alte Herr Vetter oder die Frau Base so oder so ihre Würste hat, bis der Herr Lehrer oder gar der Herr Pfarrer seine „paar Würst und an Knochen" erhalten, da hat die Hausfrau samt ihren Töchtern zu denken, zu rennen und zu schaffen in Hülle und Fülle. Also man sollte die Wurstsuppen nicht zu weit ausdehnen. Übrigens ist es auch nicht schön, wenn man gar nichts hergeben will. Ich habe dies auch schon erlebt. Eine alte Base mit ihrer auch nicht mehr absonderlich jungen Tochter hatte geschlachtet. Wir fuhren Abends ohne jede leise Andeutung in die Wurstsuppe, merkten aber sofort, daß wir im Ernste unangenehm kamen. Mutter und Tochter liefen vor uns davon und sperrten sich ein, forderten uns aber immer durch das Türfenster mit den sanften Worten „Macht, daß ihr fortkommt" auf, uns zu packen. Wir sahen nirgends eine Spur von einer Wurst, bis wir endlich in das Rohr des Wohnstubenofens leuchteten. Da fand sich nun ein Hafen voll Suppe mit Leberwürsten. Als aber die Base und ihre Tochter das Geräusch von dem hervorgeschobenen Hafen vernahmen und zugleich unsere Jubelrufe: „Hollah, da ist die Wurstsuppe!" hörten, da ergoß sich ein wahres Zetergeschrei über uns: „laßt' sie's stehn, ihr Spitzbuben, ihr Lumpen, macht das ihr weiter kommt, ausrauben woll'n sie uns!" Wir hätten vor Lachen nicht essen können, aber wir setzten uns doch, schoben den Hafen hin und her und redeten einander zum Essen zu, bis die Tochter der Frau Base zum Fenster hinausschrie: Helft's, helft's, Räuber, Diebe!!! Nun machten wir dem Scherze ein Ende, zerschellten unsere großen Häfen am Stubenboden, wünschten der Frau Base, es sollen ihre Würste ihr und ihrer Nanni im Magen liegen bleiben und huschten von dannen.

Joseph Schlicht

Lichtmeß

Am Lichtmeßtage geht der lebendige Wechselstrom zwischen Religion und Familienleben, Kirche und Haus besonders hoch. Die ganze Bewohnerschaft des Bayernhauses ist am Lichtmeßtage in feierlicher Stimmung.

Schon schreitet der Hausherr bedächtigen Ernstes zur Pfarrkirche und trägt auf den Ruf der Hochamtsglocke die gewichtige Hauskerze zur Benediktion. Sie dient dem sinnenden christlichen Bayern zur Glaubensanfachung, weil sie ihm nachdrucksam den hochgebenedeiten Heiland in's Gedächtnis ruft, der von sich sagt: „Ich bin das Licht der Welt." Wird ein Erwachsenes aus der Familie in's geweihte Totenfeld getragen, so geht die Hauskerze unmittelbar hinter dem Sarge. Und tönt der christliche Bittruf durch die Fluren hin „das ewige Licht leuchte ihm!" so sagt es der ergreifende Kerzenschein, wer dieses ewige Licht ist.

Während der Hausherr mit der Kerze bereits unterwegs ist zur Kirche, macht sich die Hausfrau auf dem Großhofe noch emsig mit dem Lichtmeßwachs zu schaffen, das sie zierlich in den geräumigen Korb einlegt, welchen dann die Oberdirn zur Weihe trägt, falls nicht etwa die erwachsene Bauerntochter es vorzieht, selbst in Tracht und Wachs zu glänzen.

Zu Hause macht hernach die Bäuerin mit dem geweihten Wachs ihre hausmütterlichen Präsente. Die kleinen Mädchen bekommen jedes ihr buntfärbiges Stöckerl, die heiratsfähige Großtochter erhält den goldblumigen Prachtstock, der in ihren Kasten wandert, von wo er seiner Zeit gepaart mit den blinkenden Frauenbildtalern als Juwelenschatz dem Bräutigam entgegenleuchtet. Auch die Dirnen gehen nicht leer aus; sie kettet die verständige Hausfrau mit bestechenden Wachsstöckerln an sich. Selbst die Knaben bekommen ihre Pfenniglichtlein. Die Mutter weiß schon, warum. Der Kerzlein wegen eilen sie zu den Engelämtern im Advent, beim Kerzelschein beten sie standhaft den Allerseelendreißiger mit, ohne den Span mit den aufgesteckten Lichtln hielten sie nicht aus beim samstäglichen Hausrosenkranze.

Die alte bayerische Sitte heischt einen freigebigen Lichtmeßtisch, denn hat Lichtmeß Vormittags frische Religiosität gepflanzt, so schüttet sie Mittags ein Füllhorn irdischer Freuden aus.

Aber um's Himmels willen, ist das nun ein silbernes Rollen und Klingen! Der großbäuerliche Hausherr hat die mächtige Schweinsblase mit den Kronen, Doppelgulden, Preußen und Frauenbildlern auf den steinernen Familientisch geleert. Und nun seht nur die fröhliche Prozession, die von überall her zu ihm hereinwallfahrtet. Voran der Marschall des bayerischen Bauernhauses, der Baumann; ihm nach in unverletzbarer Rangfolge: der Knecht, Anderknecht, Drittler, Viertler, Stallbub I und II, die Dirn, Anderdirn, Dritteldirn, das Kindsmädel, das Söhnlein und Töchterlein.

Hat nun der großbäuerliche Hausherr etliche 500 Gulden auszuzahlen, so ist das der wahre ehrenvolle Lichtmeßtag. Einen unverdächtigen Beweis hierfür liefert jener lebenslustige Drittelknecht, dem noch fünfzehn Kreuzer ausfielen, während die Andern alle noch ihre ganzen Löhne erhielten. Mit abgewandtem Gesicht lag er im Pferdestand und sprach, als man ihn zum Hausherrn rief: „Geht's ma weita, i mag 'n Lichtmeßtag koa Schand nöt macha!" Wirklich ging er um seinen Fünfzehner nicht zum Bauern hinein. Aber der Bauer kam zu ihm heraus in den Roßstand, rüffelte ihn und gab ihm ein halbes Guldenstückl. Besitzt also, was freilich in unserer gelegenheitsreichen Zeit dem hundertsten Hausherrn nicht mehr glückt, der Bauer ein Mustergesinde, dann greift ihm der Lichtmeßtag abscheulich tief in seinen Geldstumpf. Aber das verdrießt ihn durchaus nicht. Freudig schlägt er danach an seine leeren Hosentaschen und sagt treuherzig: „Herr Kooperata, ganz bin i ausg'sacklt, aba i danks unsern Herrgottn, daß i so brave Dienstboten hab!"

Überhaupt macht der bayerische Bauer auch am Zahltisch den braven ernsten Hausvater. Den jungen Wirtschafter belobigt und ermuntert er, gibt ihm Rat und Einschlag und legt ihm seine Ersparnisse auf gute sichere Zinsen. Dagegen den alten Saufbruder trumpft und kapitelt er gründlich und schickt ihn mit Schanden aus seinem Haus. Aber zum düpfelrechten Federfuchser hat nun der bayerische Bauer weder Ehrgeiz noch Geschick. Dem einen malt er als Note in's Dienstbuch: „Hat getint mit drei und fleis". Dem Andern: „hat sich Threu und fleisig getind und ein gude Aufvirung". Der Dritten: „Eingetreden den 2. Februari 1864 bis auf 2. Febr. 1866 als Thürn im königlichen Beziramd Bogen sie war diese Zeit sehr Threu und Fleisig und beflog eine gute Aufverung". Der Vierten: „hat sich Treu und fleisig aufgevirt und bin zufrieden mit seiner Arpeitt". Dem Fünften: „hat Treu und Fleiße gedient mit Pfohlung einer Auffuhrung". Es sind das lauter aktenmäßige Sprachwunder; sie sehen drolligen Lichtmeßscherzen ähnlicher als einer Amtshandlung. Indessen weisen die bayerischen Wanderbücher schon auch Dienstnoten, die sprachrichtig gedacht und geschrieben sind. Aber im Allgemeinen fühlt sich die Bauernfaust mit dem Dreschflegel wohler als mit der Feder.

Es ist aber Tatsache: die das schlechteste Deutsch in's Dienstbuch klecksen, sind trotzdem gar oft die besten Wirthschafter. Und jedenfalls ist für den Bauernstand das Rechtbleiben noch viel wichtiger als das Rechtschreiben.

Die Lichtmeß ist ein Goldtag für die bayerischen Ehehalten und Hauskinder. Der großbäuerliche Gutsherr läßt ja auch von all seinen Kindern kein einziges unbeschenkt ausgehen. Dem Sohne, der schon Stallbubsdienste macht, gibt er zu Lichtmeß doch wenigstens fünfzehn Gulden und selbst die Kleinsten erhalten jedes irgend ein funkelneues Scheidemünzlein. Noch mehr freuen sich Knechte und Mägde auf ihren Geldtag. Seht, dort tanzt der fidele Drittelknecht mit einem gewaltigen Freudensprunge um sich selbst herum, schnalzt mit der Zunge und ruft: „Wenn nur alle acht Tag Lichtmeßn war!" Anderseits kündet das Wort „Lichtmessen", mit Nachdruck und Feierlichkeit gesprochen, stets ein Hofereigniß an. Ist der Baumann in der Ernte aufständisch, so wirft er dem Bauern die Zügel vor die Füße und spricht trotzig: „Bauer, bei mir is Lichtmeßn!" Hingegen stänkert der unzufriedene Oberknecht mehrmal über das Essen, so sagt der Hausherr das erste und zweite Mal nichts, das dritte Mal aber sagt er ihm schneidend: „So, daß d' as woaßt, wir Zwö mach ma heunt Lichtmeßn!"

Und gar nicht lang, so ist der aufständische Knecht ausgezahlt, ihm das Dienstbuch gefertigt und er verläßt im Feiertagsspenser und mit finsteren Mienen die Mannsbilderkammer und fährt mit seinem Kasten zum Hofe hinaus.

Franz Xaver Schönwerth

Maria Lichtmeß

Lichtmeß ist Zielzeit für die Dienstboten, die je auf ein Jahr gedungen werden und heute auch ihren Jahreslohn auf einmal erhalten.

Schon beim Einstehen haben sie sich ausbedungen, einmal im Jahr auf acht bis vierzehn Tage, ja auch auf vier Wochen nach Hause zu den Ihrigen entlassen zu werden, hauptsächlich um Zeit zu gewinnen, ihre Sachen, besonders ihre Wäsche, wieder in Ordnung zu bringen, auszubessern und zu ergänzen, zu nähen, zu stricken, zu spinnen. Auch sonst haben sie Anlaß, für sich zu arbeiten, da sie zu jedem Gulden Lohn eine Elle Leinwand und außerdem Lein, um sich Flachs zu bauen, erhalten.

Diese Freyzeit wird ihnen auch gewährt, und zwar gewöhnlich nach Lichtmeß, wo die Arbeit weniger dringend ist: denn da ist schon ausgedroschen und ausgebrecht (Flachs), und die Kühe tragen oder kälbern und brauchen nicht gemolken zu werden. Diese Freyzeit heißt Kälberweile, Kälberweise, von den Dienstboten selbst, welche mit dem Namen „Kälber" beehrt sind. Darum sagt man auch: An Lichtmeß muß es pflatscheln oder regnen, damit die aus- und einstehenden Mägde oder Kälber gewaschen und dadurch recht brav werden.

Indessen stehen sie nicht heute, sondern am Tag nach Blasi aus. Es muß nämlich ein Tag zugegeben werden, der „Zougedog", für das, was durch Beyseitgehen das Jahr über versäumt worden. Wer nicht abzieht, geht in die Kälberweil. Blasi ist der „Obhöyd-Dog", der Tag zum Abbehüten, „Pföd God" sagen.

Vor dem Ausstande müssen sie aber ihren Rupfa oder Rocken abgesponnen haben, des Vorzeichens halber, denn sonst dienen sie im neuen Hofe das Jahr nicht aus, sondern kehren zur ersten Herrschaft wieder zurück.

Die austretenden Dirnen sagen nach dem Essen scherzweise:

Heint is da Leichtmeß-Dog,
dau bin i frey und frisch.
klab meina Kloidla zam
und setz' mi hinttarn Disch.
Baüeri, drog n' Beidl rein,
Bauer, mach, zol mi as,
gimma, wos d' schuldi bist
nau scher i mi as dein Haus

oder

Heint ist Leichtmeß,
dau is man Jaoar as,
dau nimm i man Ranzerl
und mach a kloins Danzerl
und gai ban Doar naus.

Zu Lichtmeß bekommen die Mägde, ob sie bleiben oder aus-
stehen, einen größeren Laib Brod, Kälberlaib, Schlenkellaib genannt, und meist auch ein geweihtes Wachsstöckchen. Der Kälberlaib ist aber nur für die, so das ganze Jahr ausgedient haben,
mögen sie bleiben oder abziehen. Es ist für das Aufziehen, das
Saugenlassen der Kälber an der Kuh schon beym Einstehen
ausbedungen.

Quellenverzeichnis
und biographische Daten

Aloys Balsamer (d. i. Josef Ernstberger) wurde 1922 in Tirschenreuth in der nördlichen Oberpfalz geboren. Nach dem Studium der Rechtswissenschaft trat er 1950 in die Finanzmittelstelle in Regensburg ein und wurde schließlich 1974 Vizepräsident der Bezirksfinanzdirektion Regensburg. Gleichzeitig schrieb er unter dem Pseudonym „Aloys Balsamer" als „Grantler" in der Mittelbayerischen Zeitung sehr erfolgreiche Kolumnen. Von 1972 bis zu seinem Tod am 5. Januar 1984 war er auch Herausgeber des „Regensburger Almanachs".
Der Niklas. Aus: Aloys Balsamer (Josef Ernstberger), Ein Grantler sagt … Selbstgespräche eines Bayern, Regensburg (Walhalla u. Praetoria Verlag) 1975, S. 78–80.

Friedrich Brandl
Waldweihnacht. Aus: Friedrich Brandl, Meine Finga in deina Rindn, Gedichte, Viechtach (Lichtung Verlag GmbH) 1992, S. 46. © Lichtung Verlag GmbH, Viechtach.

Georg Britting
wurde am 17. Februar 1891 als Sohn eines technischen Stadtbeamten in Regensburg geboren. Aus dem Ersten Weltkrieg kehrte er schwer verwundet zurück. Seit 1920 lebte er als freier Schriftsteller in München. Neben naturhafter Lyrik schuf er tiefgründige Novellen, Kurzgeschichten und Romane. Er starb am 27. April 1964 in München.
Die Könige sind unterwegs. Aus: Georg Britting, Sämtliche Werke, München (List Verlag) 1987–1996, Bd. 1., S. 349–355 u. d. T. „Die Könige". © Ingeborg Schuldt-Britting, Höhenmoos.

Hans Carossa
wurde am 15. Dezember 1878 als Sohn eines Arztes in Tölz in Oberbayern geboren. Er besuchte in Pilsting die Volksschule, in Tölz das Gymnasium. Nach dem Studium der Medizin in München, Würzburg und Leipzig ließ er sich 1903 als Arzt in Passau

nieder, übersiedelte aber später nach Nürnberg und 1914 nach München. Während des Ersten Weltkriegs war er Infanteriearzt an der West- und Ostfront, nach 1918 Arzt in verschiedenen Ortschaften in Bayern, zuletzt in Rittsteig bei Passau, wo er am 12. September 1956 starb. Er hinterließ ein großes schriftstellerisches Werk, das in viele Sprachen übersetzt und mehrfach ausgezeichnet wurde.

Die Krippe. Aus: Hans Carossa, Eine Kindheit und Verwandlungen einer Jugend, Wiesbaden (Insel) 1960, S. 81–86. © Insel Verlag / Suhrkamp, Frankfurt a. M.

Paula Dittrich

wurde am 28. Juni 1911 in Kötzting im Bayerischen Wald geboren. Ihr Vater hatte bäuerliche Vorfahren. 1924 trat sie in die Lehrerinnenbildungsanstalt der Englischen Fräulein in Freudenhain in Passau ein und war dann von 1932 an zunächst als Lehreraushilfe tätig, bis sie 1937 ihre erste feste Anstellung in Regenhütte erhielt. 1946 heiratete sie den Rechtsanwalt und späteren Bundestagsabgeordneten Dr. Stefan Dittrich. Das zunächst als Ruhestandsbeschäftigung begonnene Schreiben von Geschichten und Erinnerungen wurde bald zur großen und auch erfolgreichen Passion. Sie starb am 11. August 1996 in Kötzting.

Auf Weihnachtn zua. Aus: Paula Dittrich, Kinder, Nachbarn, andere Leut – wie's früher war im Bayerischen Wald, Regensburg (Mittelbayerische Druck- und Verlags-Gesellschaft) 1992, S. 122–123.

Vom Nikolaus. Aus: ebenda, S. 124–125.

Weihnachtn is's! Aus: ebenda, S. 126–128.

Sigfrid Färber

wurde am 21. Juli 1910 als Sohn eines aus Bogen (Niederbayern) stammenden Lederwarenhändlers in Regensburg geboren. Nach dem Besuch der Oberrealschule in Regensburg und dem Studium in Wien und München sowie der Promotion zum Dr. phil. war er zunächst als Dramaturg bei den Luisenburgfestspielen in Wunsiedel tätig und anschließend als Oberspielleiter für Oper und Schauspiel am Landestheater Innsbruck. 1945 kehrte er zurück nach Regensburg und lebte dort als freier Schriftsteller

sowie als Autor und Regisseur von Volksschauspielen in Ostbayern. Seit 1956 Verkehrsdirektor der Stadt Regensburg und Geschäftsführer des Fremdenverkehrsverbandes Ostbayern, gab er entscheidende Impulse für die Entwicklung des Fremdenverkehrs sowohl in seiner Heimatstadt als auch im gesamten Bayerischen und Oberpfälzer Wald. Er starb 1996 in Regensburg.
Der Nikolaus bei den Hartl-Kindern. Aus: Emil Tront (Hrsg.) Frohe Einkehr, Ein Nikolaus-Werkbuch, München, 1948, S. 111–114.

Paul Friedl (Pseudonym „Baumsteftenlenz")
wurde am 22. Mai 1902 in Pronfelden bei Spiegelau im Bayerischen Wald geboren. Nach kurzer Tätigkeit als Holzschnitzer arbeitete er in einem Sägewerk und in der Landwirtschaft, später dann als Redakteur und freier Schriftsteller. Sein Werk umfaßt Kurzgeschichten, Romane sowie volkskundliche Werke. Als Volksliedersammler erwarb er sich große Verdienste. Der Bayerische Rundfunk brachte von ihm über 500 Sendungen. Er starb am 23. Januar 1989 in Zwiesel im Bayerischen Wald.
Das Christkindl in der Glashütte. Aus: Walther Zeitler (Hrsg.) Waldlerische Weihnacht, Grafenau (Morsak) o. J., S. 86–88. © Morsak Verlag, Grafenau.

Harald Grill
wurde 1951 in Hengersberg/Niederbayern geboren, verbrachte seine Kindheit und Schulzeit in Regensburg und lebt seit 1988 als freier Schriftsteller in Wald (Landkreis Cham). Seit 1992 ist er Mitglied des PEN-Zentrums der Bundesrepublik Deutschland.
auspacka. Aus: Harald Grill, Rundumadum um Weihnachten, Passau (Passavia) 1978, S. 43. © Süd Ost Verlag, Waldkirchen.

M. Herbert (d. i. Therese Keiter)
wurde am 20. Juni 1859 als Therese Kellner in Melsungen geboren. Sie heiratete Heinrich Keiter, der 1888 in Regensburg Redakteur der im Verlag Friedrich Pustet herausgegebenen katholischen Familienzeitschrift „Deutscher Hausschatz" wurde. Durch die Tätigkeit ihres Mannes angeregt, verfaßte sie zahl-

reiche Erzählungen und Lyrik-Bände. Sie starb am 5. April 1925 in Regensburg.
Die Heimsuchung des Pater Conradus. Aus: Kölnische Volkszeitung, 53. Jg., 22. Dezember 1912

Gottfried Kölwel
wurde am 16. Oktober 1889 als Sohn eines Kaufmanns in Beratzhausen (Oberpfalz) geboren. Nach dem Besuch des Gymnasiums in Amberg und dem Studium der Philologie in München lebte er seit 1912 in Gräfelfing (bei München) sowie später in Fischbachau (Oberbayern) als freier Schriftsteller. Er starb am 21. März 1958 in München.
Die Augen des Nikolaus. Aus: Gottfried Kölwel, Prosa Dramen Verse, Bd. 1, München-Wien (Langen Müller) 1962, S. 159–161. © Charlotte Kaiser, Beratzhausen.
Der Sebastiansmarkt. Aus: ebenda, S. 22–30. © Charlotte Kaiser, Beratzhausen.

Toni Lauerer
wurde 1959 in Furth im Wald geboren. Nach Abitur und Fachstudium seit 1982 im öffentlichen Dienst, seit 1988 als Standesbeamter der Stadt Furth i. W. Er ist bekannt als Humorist, Kabarettist, freier Schriftsteller, Mundartautor und hat an die 50 Live–Auftritte pro Jahr in ganz Bayern mit lustigen „Gschichtn aus dem Leben". Seit 1983 hat er neun Gedicht- und Geschichtenbände veröffentlicht.
Der Wunschzettel. Aus: Toni Lauerer, I glaub, i spinn, Regensburg (Mittelbayerische Druck- und Verlags-Gesellschaft) 1998, S. 84–86.
„Wos wünschtda du von Christkindl?" Aus: ebenda, S. 87–89 (unter der Überschrift: *Deitsche Sprach, schwaare Sprach*).
Nikolaus. Aus: ebenda, S. 90–95.
Apfent. Aus: ebenda, S. 81–83.

Johannes Linke
wurde am 8. Januar 1900 in Dresden als Sohn eines Eisenbahnbeamten geboren. Er besuchte das Gymnasium in Dresden und wurde, nachdem er zunächst verschiedene Berufe ausgeübt hatte, Lehrer in Eichigt im Vogtland, später in Eckersdorf bei

Bayreuth, zog aber dann nach Lichteneck bei Kötzting im Bayerischen Wald. Hier begann er mit schriftstellerischer Tätigkeit. Sein erster Roman „Ein Jahr rollt übers Gebirg" erschien 1934. Er wurde dann bald bekannt durch seine Bauernromane aus dem Bayerischen und Böhmerwald. Im Februar 1945 wurde er an der Ostfront als vermißt gemeldet.

Wäldlerweihnacht. Aus: Johannes und Käte Linke, Wälder und Wäldler, Ein Bilderbuch aus dem Bayern- und Böhmerwald, Erstausgabe Leipzig (L. Staackmann Verlag) 1936, S. 104–107. © Morsak Verlag, Grafenau.

Ein Christbaum wird versteigert. Aus: Johannes Linke, Ein Jahr rollt übers Gebirg, Erstausgabe: Berlin (Deutsche Buchgemeinschaft) 1934, S. 192–205. Neu erschienen: Grafenau (Morsak Verlag) 1969. © Morsak Verlag, Grafenau

Gustl Motyka

wurde 1929 geboren und war in der Oberpfalz als Lehrer und Schulleiter tätig, zuletzt als Rektor einer Grund- und Hauptschule. Er ist ehrenamtlicher Kreisheimat- und Kreisarchivpfleger, anerkannter Fachautor für Heimatgeschichte und Volkskunde aus pädagogischer Sicht. Insgesamt 25 Buchveröffentlichungen.

Die Rauhnächte. Aus: Gustl Motyka, Alte Oberpfälzer Bräuche, Regensburg (Mittelbayerische Druck- und Verlags-Gesellschaft mbH) 1983, S. 116–117.

Max Peinkofer

wurde am 22. September 1891 in Tittling bei Passau als jüngstes von zehn Kindern und Sohn eines Landwirts geboren. Die Ausbildung zum Lehrer legte den Grundstock für seine heimatkundliche Arbeit. Er wurde 1922 nach dem Erfolg seines „Waldweihnachten" Lehrer in Niederaltaich. 1925 übernahm er die Schriftleitung der Passauer Zeitungsbeilage „Heimatglocke". Seit 1928 arbeitete er als freier Schriftsteller. Max Peinkofer gehört zu den bekanntesten und volkstümlichsten Schriftstellern Niederbayerns. Er starb am 6. Mai 1963 in Zwiesel. Sein Grab befindet sich in Bischofsmais, wo er lange gelebt hatte.

Der seltsame Christbaum. Aus: Max Peinkofer, Werke, Bd. 2, Passau (Passavia) 1977, S. 132–136. © Süd Ost Verlag, Waldkirchen.

Johann Peter
wurde 1858 geboren. Er war Schriftsteller und Lehrer und starb
1935.
„Niclo". Aus: Johann Peter, Charakter- und Sittenbilder aus dem
deutschen Böhmerwalde, Graz (Leykam) 1886, S. 165–169.
Die Rauhnacht. Aus: ebenda, S. 183–189.
Ein Neujahrsbild. Aus: ebenda, S. 177–183.

Ponzauner Wigg (d. i. Ludwig Gruber)
wurde am 15. August 1922 in Oberponzaun (Niederbayern)
geboren. Als Landwirt fand zu eigener schriftstellerischer Tätigkeit. Seine bekanntesten, überwiegend in Mundart verfaßten
Werke sind: „Herzhaft g'sagt, von was Oidn und was Neueren
aus Niederbayern" (1975), „Niederbayerische Weihnacht"
(1976), „Bei uns dahoam" (1979) und „Für Feste und Feiern in
Niederbayern" (1982).
D' Soger Nanni. Aus: Ponzauner Wigg, Niederbayerische Weihnacht, Simbach am Inn (Rudolf Vierlinger) 1976, S. 49. © Verlag
Rudolf Vierlinger, Simbach am Inn.

Josef Pscheidl
Der bestrafte Mettenschwänzer. Aus: H. P. Heller (Hrsg.), Die
schönsten Geschichten aus dem Altbairischen Volks- und Hei-
matkalender Bd. 1, Passau (Neue Presse) 1989, S. 146–147.
© Süd Ost Verlag, Waldkirchen.

Albert von Schirnding
wurde 1935 als Sohn des Hofmarschalls und Leiters der fürstlich
thurn- und taxischen Gesamtverwaltung in Regensburg geboren. Er besuchte das Alte Gymnasium und studierte
anschließend in München und Tübingen Klassische Philologie
und Germanistik bei Lehrern wie Walter Jens und Walter F.
Otto. Es folgten Kontakte zu Georg von der Vring und vor
allem zu Ernst Jünger, dessen Sekretär er in der alten Försterei in
Wilflingen zeitweilig war. Schirndings literarisches Werk ist
inzwischen zu einer reifen und beachtlichen Größe gewachsen.
Als Erzähler und Lyriker, als Publizist und Essayist großer Zei-
tungen, als Herausgeber und Biograph von Thomas Mann in der

Nachfolge von Peter de Mendelsohn wurde er mit zahlreichen Preisen geehrt, darunter von der Deutschen Akademie für Sprache und Dichtung (1982), Schwabinger Kunstpreis (1982) und der Ehrengabe der Akademie der Schönen Künste in München, deren literarische Abteilung er als Direktor inzwischen leitet.
Weihnachten in Regensburg. Aus: Regensburger Almanach 1992 (hrsg. v. Ernst Emmerig), Regensburg (Mittelbayerische Druck- und Verlags-Gesellschaft mbH) 1992, S. 217.

Joseph Schlicht
wurde am 18. März 1832 als Sohn eines Landwirts in Geroldshausen bei Wolnzach in der Hallertau (Niederbayern) geboren. Nach einem Studium am Klerikalseminar in Regensburg wurde er 1856 zum Priester geweiht und war dann Kaplan in Ergoldsbach, Landshut, Oberschneiding und schließlich Pfarrer in Tunding. Als Schloßbenefiziat in Steinach widmete er sich einer umfangreichen Forschungstätigkeit zur Volkskunde in Niederbayern und verfaßte eigene, vor allem dramatische Dichtungen. Er starb am 18. April 1917 in Steinach bei Straubing.
Der bayerische Weihnachter. Aus: Joseph Schlicht, Bayerisch Land und Bayerisch Volk, München, 1875, S. 20–22.
Eine gruselnde Adentsuppe. Aus: ebenda S. 15–17.
Der Johanniswein. Aus: ebenda, S. 29–30.
Silvesterabend im Bayerischen Wald. Aus: ebenda S. 31–32.
Heiligendreikönig. Aus: ebenda, S. 44–47
Lichtmeß. Aus: ebenda, S. 52–55.

Maximilian Schmidt genannt Waldschmidt
wurde am 25. Februar 1832 als Sohn eines Zollinspektors in Eschlkam bei Furth i. Wald (Oberpfalz) geboren. Nach dem Besuch des Gymnasiums in Metten und einem Studium am Polytechnikum in München war er von 1850 bis 1871 als Lehrer an der Kadettenanstalt im bayerischen Militärdienst. Er wurde 1884 zum Hofrat ernannt und gründete die Münchner Abteilung des Deutschen Schriftstellerverbandes. 1898 von Prinzregent Luitpold mit dem erblichen Ehrennamen „genannt Waldschmidt" ausgezeichnet, war er bereits zu Lebzeiten hochgeehrt und galt als beliebtester Volksschriftsteller seiner Zeit. Etliche

seiner Erzählungen sind in dem bayerisch-böhmischen Waldgebirge seiner Heimat angesiedelt. Er starb am 8. Dezember 1919 in München.
Die Christkindlsängerin. Aus: Maximilian Schmidt, Die Christkindlsängerin. Volkserzählung aus dem bayerischen Walde, München, 1863, S. 1–8 (Anfang der Erzählung).

Franz Xaver Schönwerth
wurde am 16. Juli 1810 als Sohn eines Zeichenlehrers in Amberg geboren. Nach dem Besuch des Gymnasiums und des Lyzeums in Amberg studierte er 1832 die Rechtswissenschaften sowie Geschichte bei J.J. Görres in München. 1840 wurde er Ratsakzessist an der Regierung in Oberbayern und 1845 zum Privatsekretär und Vermögensverwalter des Kronprinzen Maximilian ernannt. Als dieser 1848 als König Maximilian II. den bayerischen Thron bestieg, ernannte er Schönwerth zum Hofsekretär und Kabinettschef, 1851 zum Generalsekretär am Finanzministerium und 1852 zum Ministerialrat. Schönwerth begann nunmehr eine wissenschaftliche Laufbahn als Volkskundler und Germanist, war von 1868 bis 1875 Vorstand des Historischen Vereins von Oberbayern und gilt als der Begründer der Oberpfälzer Volkskunde. Er starb am 24. Mai 1886 in München.
Weihnachten. Aus: Roland Röhrich (Hrsg.), Das Schönwerth-Lesebuch, Regensburg (Pustet) 1981, S. 165–167. © Dr. Roland Röhrich, Würzburg.
Maria Lichtmeß. Aus: ebenda, S. 108–109. © Dr. Roland Röhrich, Würzburg.

Xaver Siebzehnriebl
Grenzlandweihnacht. Aus: Unser Heimatland, Jg. 1958, Nr. 10, S. 122–126. © Morsak Verlag, Grafenau.

Franz Xaver Staudigl
wurde 1925 geboren. Er wirkte als Bürgermeister der Marktgemeinde Beratzhausen (Oberpfalz) und veröffentlichte Lyrik und zahlreiche Prosabeiträge.
Der Nachtwächter. Aus: Mittelbayerische Zeitung v. 24. Dezember 1974

Siegfried von Vegesack
wurde am 20. März 1888 als Sohn eines Richters und Gutsbesitzers auf Gut Blumbergshof in Livland geboren. Er besuchte das Gymnasium in Riga und studierte Geschichte in Dorpat, Heidelberg, Berlin und München. Im Ersten Weltkrieg war er Journalist in Schweden und Berlin. Seit 1918 lebte er als freier Schriftsteller und Landwirt auf der ehemaligen Raubritterburg Weißenstein bei Regen im Bayerischen Wald. 1933 kam er zunächst in Schutzhaft und emigrierte dann. Während des Zweiten Weltkriegs war er Wehrmachtsdolmetscher in Rußland. 1945 kehrte er auf die Burg Weißenstein zurück, wo er am 26. Januar 1974 starb.
Bescherung auf Burg Weißenstein. Aus: Siegfried von Vegesack, Das fressende Haus, München-Wien (Langen Müller) 1968, S. 167–169. © Morsak Verlag, Grafenau.
Die Neujahrsbläser. Aus: Siegfried von Vegesack, Die kleine Welt vom Turm gesehn. Verse, Erstausgabe: Berlin (Alfred Richard Meyer Verlag) 1925, S. 144. © Morsak Verlag, Grafenau.

Albert Vierling
wurde 1836 geboren. Er stammt aus einer alten Weidener Familie und war Jurist sowie ein erfolgreicher Heimatschriftsteller. Albert Vierling starb 1920.
Nikolaustag. Aus: Albert Vierling, Erinnerungen aus der Oberpfalz, Weiden, 1878, S. 153–155.
Das Wurstsuppenfahren. Aus: ebenda, S. 167–172.

Michael Waltinger
Das dienstgefällige Irrlichtlein. Aus: Michael Waltinger, Niederbayerische Sagen, Passau (Passavia), 1992, S. 90–91. © Süd Ost Verlag, Waldkirchen.

Werner A. Widmann
wurde 1926 in Nürnberg geboren, zog aber schon bald mit seinen Eltern nach Regensburg, wo er ab 1952 Reporter beim Regensburger „Tages-Anzeiger" war. Seit 1962 in München als freier Journalist, Schriftsteller, Filmemacher und Moderator beim Bayerischen Fernsehen, vor allem für die Sendung „Zwi-

schen Spessart und Karwendel". Verfasser von über sechzig Büchern. 1974 Verleihung des „Bayerischen Poetentalers" der „Münchner Turmschreiber". Im April 1996 Rückkehr nach Regensburg, seit 1997 Moderator bei TVA Ostbayern.
„Stille Nacht, Heilige Nacht". Aus: Werner A. Widmann, Ja, so warn's, Regensburg (Mittelbayerische Druck- und Verlags-Gesellschaft) 1999, S. 14–19.

Maria Zimmermann
Der Geldwagen. Aus: Wolfgang Schöberl (Hrsg.), Das Sagenbuch der südlichen Oberpfalz, Burglengenfeld (Lokal Verlag Max Krempl) 1988, S. 144–145.

Konrad Zoller
Weihnachten bei den Waldgeistern. Aus: Karl Winkler (Hrsg.) Oberpfälzisches Heimatbuch, Kallmünz (Laßleben) 1929, S. 913–916.

Herausgeber und Verlag danken den Rechteinhabern für die freundlich gewährte Abdruckgenehmigung.